AF591821

GEORGES MONTORGUEIL

LA TOUR D'AUVERGNE

Illustrations de Job

PARIS
ANCIENNE LIBRAIRIE FURNE
SOCIÉTÉ D'ÉDITION CONTEMPORAINE
5, RUE PALATINE (VIe)

LA TOUR D'AUVERGNE

TYPOGRAPHIE FIRMIN-DIDOT ET Cie. — MESNIL (EURE).

IL EST LA, FIDÈLE AU POSTE.

POUR LA PATRIE

Le 46e régiment d'infanterie sort avec son drapeau.

Hâtez-vous, là-bas! Hâtez-vous, retardataires ahuris, lourds empotés!

— Hé! vingt bon sang! ma bretelle qui casse!

— Bonsoir de bonsoir, mon bouton qu'a sauté!

Plus de bonne grâce, tireurs au flanc qui achevez de boucler le sac, en dégringolant les escaliers sonores sous la cadence des brodequins. Les autres sont sur les rangs, cirés, astiqués, tirés à quatre épingles, l'arme au pied, coude à coude, et déjà raides, dominés par la crainte respectueuse des supérieurs, qui, tour à tour, inspectant la tenue, récompenseront d'un mot bref sa correction, châtieront sa négligence. On se doit de faire figure quand le drapeau flotte au-dessus du régiment!

Maintenant, dans la cour de la caserne, les compagnies alignées, dans leur rectitude géométrique, ont le net et violent pittoresque des images coloriées; car jamais plus clair soleil ne fit briller d'un éclat plus joyeux les cuivres des fourniments et les ors hiérarchiques des galons et des épaulettes.

— Garde à vous!

Le colonel est arrivé. Un frisson a parcouru les masses, et dans un cliquetis d'acier, après une dernière ondulation qui a rectifié l'alignement :

— Fixe!

C'est l'immobilité et le silence. L'émotion est à son comble. Les cœurs battent, ces cœurs ingénus de grands enfants aux fautes vénielles et candides que sont les soldats.

— Cré vingt bon sang! c'est ma bretelle!

Le colonel va passer.

— Bonsoir de bonsoir, pour sûr, qu'il verra qu'il me manque un bouton!

Le colonel ne passe pas encore.

De la compagnie du drapeau, un capitaine se détache. D'une voix émue, il appelle :

— La Tour d'Auvergne?

— Mort au champ d'honneur! répond le plus vieux sergent.

Oui, soldats, mort au champ d'honneur, percé au cœur dans l'héroïque mêlée dont il était l'âme.

Après quarante ans de privations, de fatigues, de misères souffertes sans murmure pour la gloire de son pays; après cent vingt combats où il donna avec l'ardeur d'un patriotisme dont l'enthousiasme ne fut dépassé dans aucun temps ni chez aucun peuple. Il dort au Panthéon son dernier sommeil, à présent que nous a rendu ses cendres la terre ennemie où il tomba et qui se faisait une loi de les vénérer. Il n'est plus, votre camarade; il n'est plus, le vaillant grenadier, le premier grenadier de France! Et pourtant, chaque fois que le 46e — son régiment, le vôtre — sort son étendard, on le nomme à l'appel, comme alors qu'il comptait au bataillon et comme si, à cet appel, il devait répondre.

C'est qu'il y répond, soldats!

Il y répond. Il ne vous a pas quittés. Il est là, dans vos rangs, à la place qu'il s'était choisie, près de vous, ses compagnons, dont, simple capitaine, il était le conseiller, l'ami et le père. Familier, la pipe à la bouche; studieux, le livre à la main; héroïque, le sabre au poing : celui qui plaçait si haut le culte de la patrie, est là... Il est là, fidèle au poste périlleux, sous les plis du drapeau de ce 46e qui lui doit les plus beaux lauriers dont ses couleurs s'ombragent.

Il est là. Il parle. Ne vous dit-il pas où est le devoir dans l'abnégation, le patriotisme dans le désintéressement, la grandeur dans le sacrifice? Ne le voyez-vous pas? A vos yeux, ne demeure-t-il pas l'incarnation des vertus militaires les plus nobles et les plus pures?

Il n'est de morts que les oubliés, et ceux-là demeurent, au contraire, dont la mémoire des hommes est bercée. Mourir au champ d'honneur, comme La Tour d'Auvergne, ce n'est point mourir : c'est se survivre dans la postérité par la beauté nécessaire de l'exemple.

Aux soldats qui devinent confusément une grande ombre parmi eux, il semble qu'une seconde fois, le capitaine appelle : La Tour d'Auvergne! Écho de tous les cœurs, gonflant d'espérance et d'orgueil la joyeuse étoffe du drapeau, une voix répond, la voix de l'ombre :

— Présent!

La Tour d'Auvergne

I

CHAPITRE PREMIER

Naissance de Théophile-Malo Corret. — Son goût pour le métier des armes. — Stratagème pour entrer dans la maison du roi. — Aux mousquetaires rouges. — Au régiment d'Angoumois. — L'oisiveté du régiment lui pèse, et il continue à travailler. — Franklin vient recruter des volontaires en France. — La Tour d'Auvergne veut partir. — Une blessure reçue l'oblige à rester.

L'avant-veille de Noël, en l'année 1743, régnait une anxiété joyeuse dans une petite maison d'un gris de granit, très humble et à tant d'autres pareille, que vous verrez encore debout à Carhaix, en Basse-Bretagne.

Là, comme à cette même époque de l'année, en la pauvre étable de Bethléem, un événement

était attendu qui berçait d'espérance une heureuse mère, et lui faisait préparer la crèche où le nouveau-né dormirait. Il vint. Ce fut un beau garçon, que son père, Me Louis-Olivier Corret, avocat à la Cour, nomma Théophile-Malo.

Théophile-Malo Corret, dans l'histoire, devait s'appeler La Tour d'Auvergne.

Comment, en s'illustrant, perdit-il le nom des siens?

Dans les natures les plus unies se peuvent rencontrer d'étranges contradictions. Théophile-Malo Corret, qui serait un modèle d'abnégation et de simplicité, au début de sa vie, passa par une épreuve d'orgueil. De petite bourgeoisie, il s'avisa de vouloir être noble. Sa prétention n'était pas sans droit, son ambition n'était pas sans excuse. La noblesse, alors, était une qualité indispensable pour arriver aux emplois dans l'armée : il voulait être soldat.

Ayant acquis la certitude qu'il descendait de Henri de La Tour d'Auvergne, duc de Bouillon, vicomte de Turenne, père du grand Turenne, il s'enquit que ce n'était point là titres à négliger, d'autant qu'il prouverait qu'il n'était pas de ceux qui forlignent et qu'il savait à quoi obligeaient un tel nom et le sang de Turenne.

Mais il n'était encore que le petit Malo, de Carhaix, quand il entra au collège, chez les Jésuites de Quimper.

Il s'y familiarisa avec le latin et le grec, et, de la bouche de ses maîtres, se complut à recueillir la vie des hommes illustres. Il apprit par cœur Plutarque, moins un chapitre : celui qu'il y ajouta.

Sage et studieux, il devint vite très savant.

— Il sera d'Église.

Disait la mère qui était très pieuse.

— Il plaidera.

Disait le père dans sa vanité de robin.

La Tour d'Auvergne avait déjà son idée. Son menton en saillie, son menton prodigieusement accusé de Breton tenace, disait clairement que la volonté était, chez lui, inébranlable. Il voulait être militaire et le serait. Mais comment ? Par où entrerait-il dans l'armée ? Allait-il traîner ses guêtres vers le quai de la Rapée, et bayant aux boniments du sergent racoleur, avec des mauvaises têtes, des larrons et des vauriens, signer, au cabaret, la formule du recrutement ? Quel avenir lui ménagerait un pareil début ?

Il avait vingt-trois ans quand il débarqua à Paris. C'était dix ans de trop pour entrer à l'École militaire où, d'ailleurs, on lui eût demandé de justifier de quatre générations de noblesse. Page du roi ? Sa naissance était trop obscure. Et cependant nul métier au monde n'était plus propre à l'occuper que celui des armes.

Il eut la bonne fortune de recevoir les précieux avis d'un officier qui lui voulait du bien, le marquis de Fremeur, colonel du régiment d'Angoumois, qui l'invita à user d'un stratagème pour faire partie de la maison du roi. Elle menait aux grades élevés sans passer par les écoles, mais là encore il était indispensable d'être plus ou moins teinté de noblesse.

Impatient de réaliser son rêve, Théophile Corret tricha un peu.

Il y avait, proche le toit paternel, une métairie qui était dite de Kerbauffret : il se fit appeler Théophile-Malo Corret de Kerbauffret. Cela ne sonnait pas mal du tout. Et notre gentilhomme, par ruse, fut admis à revêtir le seyant uniforme des mousquetaires noirs, ainsi nommés parce qu'ils montaient des chevaux noirs, par opposition aux mousquetaires gris, lesquels montaient des chevaux gris.

Un autre que La Tour d'Auvergne eût été joyeux de caracoler fièrement sous le bel habit d'écarlate, aux boutons d'argent, avec la soubreveste bleue, la croix blanche et les quatre fleurs de lis; mais ce magnifique costume coûtait bon, et l'entretien en était lourd.

Puis il était flatteur d'appartenir à la « Maison Rouge », dans cette garde qui avait, derrière elle, un siècle de légendaire bravoure.

Elle s'était montrée au siège de Valenciennes, à la bataille de Fontenoy et à Cassel. Pépinière de maréchaux, elle s'enorgueillissait d'avoir vu sortir de ses rangs les Noailles, les d'Harcourt, les Mouchy. D'Artagnan, le fameux d'Artagnan, avait compté chez elle, à l'époque où les gardes de Monsieur le Cardinal devaient sans cesse en découdre avec ces intrépides cavaliers dont Louis XIII, secrètement, encourageait les prouesses, pour ce qu'il devinait qu'elles causaient colère et dépit à son premier ministre.

Ces temps romanesques étaient passés et les mousquetaires n'étaient plus, à cette époque, que de beaux soldats n'ayant point l'occasion de combattre.

Ils dissipaient leurs jours en de bruyants plaisirs.

Ils étonnaient la ville du fracas de leurs aventures privées; assidus à la Comédie dont ils interrompaient le spectacle, attardés en des soupers fins, où l'ivresse leur faisait, aux bougies, tirer l'épée, et répandre, pour des futilités et des peccadilles, le sang généreux d'une noblesse inoccupée.

Ils se devaient, croyaient-ils, pour l'honneur de l'uniforme, de donner témoignage de leur luxe, de leur faste et de leur élégance. La populace les regardait passer au côté du roi, montés sur leurs chevaux superbes caparaçonnés d'écarlate et d'or, avec admiration.

Gentils soldats, mais pour la parade. Depuis qu'ils ne guerroyaient plus, leur jeunesse insolente s'octroyait le privilège de battre les bourgeois et de rosser le guet.

Un soir que, faute d'argent, et parce que son sérieux s'en était révolté, il avait dû abandonner ses camarades à leurs tapageuses prouesses, tout en regagnant la caserne, tristement, La Tour d'Auvergne pensait :

« Que fais-je en cette troupe oisive, parmi cette jeunesse orgueilleusement titrée et si prodigue de ces biens de fortune que je n'ai pas, qui ne rêve qu'escalades, que duels et que plaisirs? L'habit est brillant et fait pour arrêter les badauds, mais il revient à quatre mille livres. La subsistance au corps n'est possible qu'aux fils de famille dotés de riches apanages, et le total des dépenses superflues, inhérentes à cette arme trop aristocratique, aurait tôt mis sur la paille les bons vieux de Carhaix, au train paisible. Puis je ne me sens pas l'humeur de ces compagnons turbulents; leurs frivoles fanfaronnades ne sont ni dans mes goûts, ni dans mes moyens. Je n'ai pas voulu ceindre l'épée pour qu'elle reste au fourreau, impuissante ou inutile. »

Les mousquetaires ne seront que le premier échelon de sa carrière.

Après six mois de présence à ce corps trop éclatant, il se voit, selon son vœu, nommé sous-lieutenant de grenadiers dans un régiment où l'on est soldat pour faire la guerre.

C'est le régiment d'Angoumois; alors les régiments portaient le nom d'une province ou d'un prince qui en était le colonel; ce qui provoquait des changements de noms fréquents et causait d'insupportables confusions. Il y avait aussi les régiments de la Reine et les régiments du Dauphin, ce qui était une anomalie lorsqu'il n'y avait ni dauphin ni reine. Louis XIV gradua les régiments, mais en laissant subsister le nom; à la Révolution, seulement, le nom disparut pour ne laisser subsister que le numéro.

Le costume n'est là ni aussi riche, ni aussi brillant qu'aux mousquetaires, mais il est encore fort joli : blanc à parement vert, le tricorne posé crânement sur les boucles d'une chevelure bien frisée. Il se plaît sous cet uniforme et ne refuse pas son consentement au peintre qui lui demande de fixer ses traits.

Il semble, à voir le tableau resté dans sa famille, chez M. du Pont-Avice de Heussey, qu'il a posé avec quelque complaisance.

LA TOUR D'AUVERGNE, SOUS-LIEUTENANT AU RÉGIMENT D'ANGOUMOIS.

« De belle et bonne figure ouverte, ensoleillée, franche, énergique et joyeuse, ombragée d'un front carré, serré et vaste, que l'idée a déjà creusé de son coup de pouce entre les deux tempes ; sous d'épais sourcils, les yeux bleu foncé, rieurs, véridiques et intrépides ; le nez est accentué, fier et droit ; la bouche rouge, aux lèvres charnues, admirablement découverte, révèle, en ces sinuosités, une volonté presque indomptable ; de l'ensemble de cette physionomie se dégage un parfum de jeunesse, de noblesse, de mâle vigueur, de désintéressement et de courage qui captive la sympathie des plus indifférents. »

Le nouvel officier n'est satisfait qu'à demi ; l'état de paix lui est d'une monotonie irritante, encore que de fréquents changements de garnison peuvent occuper les esprits curieux d'horizons nouveaux. Mais la brièveté des séjours dans les villes n'y permet point d'attaches ; et l'on y passe, agressifs et tapageurs, comme vainqueurs en pays conquis.

L'oisiveté de cette vie, que rien de brillant n'accidente, pèserait à son caractère sérieux s'il ne pouvait occuper son esprit en le cultivant.

Le travail et l'étude sont les passe-temps les plus

agréables que l'homme ait su trouver. La Tour d'Auvergne s'en apercevait, qui s'intéressait aux vieilles pierres, aux formes oubliées du langage, aux médailles couvertes d'inscriptions et d'images qui apprennent tant de choses à qui sait les regarder.

Quand d'autres, poussés de vin, se querellaient sur un coup de dé, lui, en sa chambre, les yeux plongés dans des bouquins vénérables, cherchait à remonter aux origines de cette race gauloise dont il était appelé à devenir l'un des plus glorieux champions.

Il entretenait, sur ce sujet ardu, de doctes correspondances avec un savant réputé dans son pays, qu'il nommait son maître, et qui s'appelait Le Brigant.

Il travaillait avec la conscience d'un bon élève qui veut avoir des prix.

Il apprenait les langues étrangères, car elles sont autant de lucarnes ouvertes sur l'humanité. Il publiait ses travaux.

Hors quelques fruits secs de la basoche et des parlements, nul ne s'étonnait qu'un soldat fût un intellectuel.

Ses études, si appliqué qu'il y fût, ne le détournaient point de son état, et son état, si fidèlement qu'il l'exerçât, ne contrariait point ses études. Il raisonnait, car il avait un sens profond, droit et juste ; mais, devant la discipline, dont il reconnaissait la rigoureuse nécessité, il n'était volonté plus soumise que la sienne. La passion du lettré n'altérait point l'enthousiasme du soldat.

Si penser lui était doux, rêvant d'action, il brûlait de se battre. Mais il ne se battrait pas pour tout le monde. Il lui eût répugné d'aller chercher fortune, comme tant de ses camarades, sans s'inquiéter des couleurs.

Il était le serviteur de son pays et non le mercenaire qui compte l'or qu'on lui donne sans regarder à l'effigie. Il préférait la médiocrité de sa condition à la situation large et fructueuse que promettaient les princes des autres nations aux officiers français inactifs et sans fortune.

Il n'avait pas choisi les armes comme une carrière, mais comme une mission. Son esprit, par ses heureuses lectures, gonflé de la sève antique, l'incitait à servir toute cause qui était noble, grande et chevaleresque — et celle-là seulement.

Il vint, vers ce temps, en France, un bonhomme, mal vêtu, grossièrement chaussé et coiffé d'un chapeau ridicule, mais dont on oubliait les mauvaises façons dès qu'on l'entendait parler. Il exaltait l'énergie de ceux de sa race, décidés à mourir jusqu'au dernier plutôt que de subir l'injustice et la honte du joug.

Il arrivait d'Amérique et s'appelait Franklin.

Et tous les beaux seigneurs de la cour, vêtus de soie, poudrés, musqués, et du rouge au talon, qui entendaient le vieillard, se sentaient transportés d'un zèle inconnu, et, à l'envi, lui offraient, pour sa cause, leurs fines épées de gentilshommes. Vous pensez si La Tour d'Auvergne souhaita être des volontaires que, sur leurs pas, à l'appel du bonhomme Franklin, entraînaient, vers le Nouveau-Monde, La Fayette et Rochambeau!

Servir en Amérique, c'était servir son pays, puisque ceux qui combattaient là-bas le faisaient par chevalerie et pour l'honneur. Son être frémissait d'une noble impatience à l'idée d'une telle prouesse.

Quelle guerre plus digne de son courage! Fils de la France des lis, voguer sur les mers lointaines, débarquer sur un sol opprimé et lui rendre l'indépendance! On faisait encore de ces rêves, il y a cent trente ans, et on les réalisait...

Mais La Tour d'Auvergne ne partira pas. Quand ses camarades s'embarquent, il est couché, et malade si gravement qu'il fait ses adieux à la vie. Il s'est battu en duel; dans les reins, il a reçu un terrible coup d'épée. Pourquoi a-t-il croisé le fer? Il ne l'a jamais dit; c'est qu'évidemment cela ne nous regardait pas; insister serait indiscret.

Mais qu'il nous soit permis d'écrire que les motifs de cette rencontre, si sérieux qu'ils fussent, ne justifieraient pas, à nos yeux, le sacrifice d'un pareil homme.

Loué soit le destin qui arrêta à temps l'arme inconnue qui, d'après le diagnostic du médecin avait déjà fait une bien déplorable besogne.

CHAPITRE II

Il obtient l'autorisation du duc de Bouillon de porter désormais le nom de La Tour d'Auvergne. — Sa timidité l'éloigne du monde. — Nouvelle tentative pour partir en Amérique. — Il obtient l'autorisation de servir en Espagne. — Ses prouesses. — Il est rappelé en France. — Des intrigues lui barrent le chemin. — Il croit sa carrière finie et pense à donner sa démission.

Ce n'étaient pas de telles blessures, obscurément données et cruellement reçues, que La Tour d'Auvergne était venu chercher sous les drapeaux. Les occasions d'en recevoir d'autres lui manquaient.

Il traînait, à l'armée, une vie languissante. Six mois de l'an sur douze, il revenait au pays embrasser une vieille maman qu'il adorait et une sœur très douce dont une maladie grave lui avait donné de gros tourments. Il n'était fils plus attentionné, frère plus tendre.

A Carhaix, dans la paix familiale, il redevenait le studieux des longues veillées, penché sur les livres qui étaient l'autre part de sa vie. Il était de règle que les officiers en semestre fissent des recrues, en dédommagement des loisirs qui leur étaient accordés ; il transgressait cette coutume, incapable d'abuser de la naïveté des adolescents par de fallacieuses promesses.

A son premier congé, il s'entremit dans le mariage d'une nièce, et se félicita de lui voir épouser un M. de Kersausie. C'est qu'il était tout féru de noblesse, depuis que le duc de Bouillon lui avait reconnu le droit de s'appeler de La Tour d'Auvergne et de porter les armes de son illustre lignée.

Le jour où il reçut une lettre au nom de : *Monsieur de La Tour d'Auvergne,* signée du duc de Bouillon, il ressentit une émotion sans doute un peu puérile, mais toutefois délicieuse.

« Je suis très content, Monsieur, lui disait le chef de famille, d'être à portée de vous être utile ; j'en saisirai toutes les occasions avec bien du plaisir... Vous pouvez, d'après cette lettre, prendre mon nom et les armes de ma maison. Je prendrai toujours l'intérêt le plus vif et le plus sincère à ce qui pourra vous concerner, soyez-en bien persuadé, et que personne ne vous honore, Monsieur, avec une plus particulière distinction que moi. »

Et ces termes flatteurs étaient signés : « Godefroy, duc régnant de Bouillon. »

Il est heureux que celui qui, désormais, allait s'appeler La Tour d'Auvergne, ne s'en soit pas tenu à la seule illustration de sa naissance; ce nom, dont il revendique la propriété avec une chaleur singulière, serait aujourd'hui bien oublié, malgré le prestige que l'unique vanité dont il se rendit coupable lui prêta, s'il n'avait pris le soin glorieux de lui donner, par des actions valeureuses, un exceptionnel éclat.

Son titre l'incitait à fréquenter chez les grands. Il y promenait son esprit absorbé et la politesse gauche des fiertés timides.

La vue des jolies personnes un peu moqueuses ajoutait encore à sa confusion. Il se sentait attiré en leur compagnie et redoutait d'y paraître. Une fois, il s'y montra à son complet désavantage.

Il avait fait une chute de cheval. Il en était résulté un certain dommage pour sa culotte et sa stabilité. Il souffrait de l'endroit qui avait trop violemment pris contact avec le sol. Mlle de Châtillon, assise sur un banc du parc, ignorait son

accident; elle le pria de lui venir tenir compagnie.

C'était une imposante créature, en robe à panier, et portant, comme la reine, sur son front aristocratique, un architectural ensemble de cheveux, de fleurs, de plumes. La Tour d'Auvergne condescendit galamment à sa gracieuse demande, mais aïe !... Que lui semblait donc douloureux le bois du banc ! Il prit, pour parler à la jeune fille, une position si fâcheuse qu'elle se laissa aller à une hilarité dont il fut plus mortifié que de sa chute.

Il s'éloigna d'elle, confus ; et sa sauvagerie s'accentua, sur ce simple incident, à l'endroit de ces belles personnes, parmi lesquelles un La Tour d'Auvergne eût pu, cependant, se risquer à chercher une alliance.

Mais la tâche qu'il s'était donnée autorisait-elle la fondation d'un foyer ? N'imposait-elle pas, dans son abnégation, le renoncement à tous les bonheurs domestiques ? Sans liens qui fortifient les regrets, sans, au départ, le regard douloureux jeté sur les affections que l'on quitte, célibataire enfin, il serait plus libre de sa vie et le sacrifice ne lui en coûterait point.

De ce sacrifice, l'heure n'a pas encore sonné. La France est en paix. Les imaginations belliqueuses n'ont d'aliment que dans la lecture des bulletins de la guerre d'Amérique. Les hostilités, là-bas, languissent.

On apprend que la discorde a amené quelque

découragement parmi les Américains, sur bien des points, cependant, grâce à nos armes, vainqueurs. Ils succomberont, s'ils ne reçoivent de nouveaux secours en argent, en vaisseaux et en hommes. C'est encore vers la France qu'ils se tournent. Ils ont en La Fayette et Rochambeau des avocats d'une éloquente énergie qui triomphent des hésitations du cabinet de Versailles, qui font oublier à Louis XVI ce mot qu'il opposait aux premières ouvertures des républicains d'Amérique :

« Mon métier, à moi, est d'être royaliste! »

Une seconde expédition est décidée. C'est par milliers que des volontaires, poussés par un désir de gloire lointaine, se dirigent vers le Nouveau-Monde.

La Tour d'Auvergne songe à reprendre son harnais de bataille. Dans une carriole, moins pénible pour sa blessure que le trot d'un cheval, il s'en va à petites journées, musant au bord des routes, jouissant des sites sans cesse renouvelés, longeant, sans hâte, les frais paysages réfléchis dans le miroir des eaux limpides. A l'auberge où il se restaure, que vient-il d'apprendre? Son régiment recrute pour l'Amérique! Il ne s'agit que d'arriver à temps. Au diable la carriole dont il se débarrasse, et, indifférent à son mal qu'il ne sent plus, c'est en poste qu'il rejoint! Mais trop tard, les engagements sont au complet, et aucun de ceux qui ont demandé à partir n'est d'humeur à céder son tour.

Ce serait pour décourager un Breton qui a toujours une dent plus ou moins aiguë contre l'Anglais et qui, dans la guerre d'indépendance américaine, voit surtout l'occasion de se mesurer avec un vieil adversaire.

Cette dernière circonstance est faite pour lui rendre sympathique une autre guerre, engagée à Mahon entre les Anglais qui occupent l'île et les Espagnols qui les assiègent.

De glorieux souvenirs s'attachent à cette forteresse.

Ce port, le plus important après celui de Gibraltar, était occupé par les Anglais quand le maréchal de Richelieu les en voulut déloger. L'entreprise était téméraire ; ce fut à la seule valeur de ses soldats entraînés à l'assaut de fortifications réputées imprenables, qu'il dut d'accomplir cette extraordinaire prouesse.

Dans la suite, Mahon, par voie diplomatique,

était rendu aux Anglais. Les Espagnols, débarqués dans l'île, en ce moment, se flattaient de le leur reprendre.

L'opération n'allait point sans difficultés ni périls. L'Espagne se tourna vers les premiers vainqueurs qui, tout embrasés de l'ardeur allumée contre les Anglais par la guerre de l'indépendance, ne demandaient qu'à courir sus aux possesseurs de Mahon.

La Tour d'Auvergne fut de ceux-là.

Il ne pouvait servir en Espagne qu'avec l'agrément de la France. Cette autorisation, tant sollicitée, et tant accordée, ne lui fut donnée que d'une manière ambiguë ; elle ne le retint point cependant de partir.

Il allait donc vivre la vie du camp, tout de bon faire son rude métier, et établir la preuve de ce qu'il sentait en lui de belliqueuses dispositions! On allait donc enfin apprécier, à sa mesure, sa prudente et brillante valeur, son intrépidité clairvoyante, et cette grandeur d'âme dont le rayonnement susciterait autour de lui des miracles de bravoure!

A peine arrivait-il, qu'était fondée sa réputation.

Entre tous, le duc de Crillon distingua ce

blessé qui dissimulait sa blessure, et maîtrisant sa douleur, sur quatre nuits, en passait trois au bivouac, prenant part à toutes les expéditions, étonnant, par une hardiesse qui n'était point de la témérité. On lui offrit un commandement :

— Je suis venu m'instruire, répondit-il, et non commander. Il ajouta qu'étant au service de la France, il ne pouvait, dans une armée étrangère, qu'accepter d'être soldat.

Ses prouesses devenaient légendes. Une fois, sous le feu du canon et la mousqueterie de la place, il brûle une frégate anglaise.

Une autre fois, les assiégés ayant fait une sortie, il leur fait prisonnier un bas officier dont l'armure lui est donnée en présent; le général en la lui remettant, l'arme chevalier.

Nulle jactance en son geste, nulle pose. Dans sa conduite, l'admirable, c'est cette simplicité. Il est naturel et sublime; des traits d'humanité ajoutent à son prestige. Un jour, il retourne chercher, sous le plomb de l'ennemi, un blessé resté sur une crête; il le charge sur ses épaules et le rapporte aux avant-postes. Les deux armées alliées, d'une commune voix, proclament sa bravoure; il en va recueillir de singuliers fruits : brutal, un ordre est arrivé de France qui lui enjoint de réintégrer son régiment.

C'est autour de lui une stupeur. Est-ce ainsi qu'on récompense le courage? Le camp murmure. Le déni de justice est flagrant; on lui conseille de résister à l'ordre reçu. Fermé à ces pernicieux avis, ne laissant rien paraître de l'amertume de son cœur, sans colère, ni récrimination, il boucle son sac.

— Plaignez-vous! lui crie-t-on.

— Dans notre état, répond-il, les plaintes sont des fautes; aux ordres des chefs, on défère sans réplique et sans remise. Un soldat mécontent n'est pas un soldat. Celui-là est indigne de servir qui, par ressentiment, orgueil ou ambition de paraître, en indiscipliné, sort du rang.

Puis, embrassant ses compagnons de lutte, il leur fit ses adieux. Le duc de Crillon, le voyant s'éloigner, disait à son entourage :

— Celui-là est venu jouer, parmi les hommes du siècle, le rôle d'un paladin.

A Paris et à Versailles, La Tour d'Auvergne entendit une autre cloche. Les bureaux, le ministre, le roi méconnurent ses doléances. De mesquines jalousies lui avaient, dans l'ombre, barré la route, il ne suffit pas toujours de faire son

SOUS LE PLOMB DE L'ENNEMI, IL SAUVE UN SOLDAT BLESSÉ.

devoir, il faut, en le faisant, ne point gêner ceux qui, en la même occurrence, ne l'eussent pas fait. On ne pardonne pas à qui s'est montré digne de l'emploi que, sans en être digne, on avait brigué. La Tour d'Auvergne, en partant, avait fait des mécontents et, comme il revenait ayant réussi, il faisait des envieux.

A la cour d'Espagne, où il passa quelques semaines, après ces durs moments, on lui fit oublier ses tristesses.

Le roi lui accorda la croix de Charles III et une pension de mille livres. Appauvri par les dépenses faites au siège de Minorque, gêné, endetté, réduit pour vivre à vendre ses biens, il accepta la croix : il refusa la pension. Un La Tour d'Auvergne prête son concours : il ne le vend pas.

Son chef l'a exactement qualifié : c'est un paladin, mais un paladin sans panache. Il n'est ni exubérant, ni emphatique. Il ne vise pas à l'effet.

Sincère et loyal, obéissant à la droiture de son sentiment, il y parvient par la simplicité. Et c'est par là qu'il est grand entre les grands. Rien ne ment en lui.

Il ne doit son prestige ni au brillant du geste, ni à la fanfaronnade de l'action, mais à ses personnelles vertus. Elles s'exercent aussi bien dans la paix que dans la guerre. Dans la paix, sa bravoure devient bonté, et cette bonté se hausse, comme sa bravoure, jusqu'à l'héroïsme. Comme ce jour où, se baignant à l'entrée du fort de Socoa, dans la rade de Saint-Jean-de-Luz, il s'aperçoit que deux de ses soldats sont entraînés par la marée ; préjugeant de ses forces, il s'élance à leur secours, il lutte contre les flots, il va périr lui-même, sans un tambour, bon nageur, qui voit le danger et l'en tire.

Qui ne se dévouerait jusqu'à la mort pour un tel chef donnant lui-même, à ses soldats, l'exemple du dévouement ?

Il n'est attention dont il ne soit capable pour les hommes employés, sous sa surveillance, aux travaux de la rade ; ils sont occupés sur les rochers, sur les grèves, dans la mer. La Tour d'Auvergne veille à les faire se sécher ; il les réconforte d'un cordial, qu'en personne, il leur verse.

Plus précieuse que l'eau-de-vie — qui ne donne que l'illusion de la chaleur — est l'eau pure. On en manque. Il fait capter tous les petits filets qui jabotent, de-ci de-là, sur les cailloux, il les mène dans un réservoir qu'en bon hygiéniste, soupçonnant les microbes — déjà! — il sépare en deux parties : l'une réservée aux lavages et l'autre à la consommation. Il se plaît à orner de feuillages cette fontaine improvisée où, dans ses moments de repos, il s'assied et médite.

Il n'est plus jeune, il a quarante-cinq ans. Sa santé est débile; il souffre constamment de la blessure reçue dans son duel, à Huningue. Plus préoccupé de la santé d'autrui que de la sienne, il succombe à la fatigue physique.

Sa faiblesse a eu pour résultat de lui causer des maux de la mâchoire qui lui ont fait perdre toutes ses dents. Les dents sont utiles à tout le monde, mais en particulier à un soldat qui n'a souvent à manger qu'un biscuit dur et qu'une viande coriace, et qui, surtout, doit déchirer la cartouche dont il charge son fusil.

Ces misères n'étaient point pour l'encourager à persévérer dans un état où, après vingt-deux ans de services, il n'était encore que capitaine passé à l'ancienneté, et pas même décoré de la croix de Saint-Louis. Il envisageait cette situation au cours de l'année 1788, et pensait tristement que sa carrière était finie.

Elle commençait.

CHAPITRE III

Retour au pays natal. — Premiers bruits de Révolution. — La Tour d'Auvergne explique les événements à ses concitoyens. — Vive le Roi. — Vive la Nation. — La garde nationale provinciale. — La Fédération et les banquets populaires à Paris. — Le 80e d'infanterie, ancien régiment d'Angoumois, prête serment. — La Tour d'Auvergne sollicité d'émigrer refuse. — Les soupçons que fait naître cette conduite. — Un serment qui sera tenu.

Soucieux et las, La Tour d'Auvergne est revenu au printemps de 1789 en son pays natal. Quelle agitation inaccoutumée !

Les aînés, sur le seuil des portes, s'attardant jadis, muets et impassibles dans des rêveries sans trêve, maintenant, avec les jeunes, ont de longues causeries. Ils s'entretiennent de leurs conditions, de leur sort.

L'hiver avait été rude. La récolte était compromise sans que les impôts fussent plus légers ; ils frappaient des objets de première nécessité comme le sel, que son prix éloignait de la soupe du paysan.

On parlait de ces choses à Carhaix et dans toute la France, en vue de la réunion prochaine des États-Généraux qui devaient se tenir à Versailles, pour aviser aux moyens d'enrayer le déficit et de prévenir la famine. Chacun des trois ordres, par ses élus, y délibérerait : la noblesse, le clergé et le peuple ou tiers état. On se flattait qu'un grand bien sortirait de la contribution de toutes les fractions de la famille française à la gestion des affaires publiques.

Quand, à la fin de juin, La Tour d'Auvergne arriva chez lui, les élections avaient eu lieu, les délégués étaient nommés, les États-Généraux s'étaient déjà réunis à Versailles, le 24 mai précédent.

Les nouvelles qu'on avait de leurs travaux étaient rares, mais témoignaient du souci des représentants du tiers état de n'être point tenus pour une quantité négligeable ; ils parlaient avec une autorité surprenante ; on les avait voulu molester, ils avaient tenu bon ; on les avait voulu disperser, ils s'étaient réunis dans la salle du Jeu de paume, où ils avaient fait le serment de ne se séparer qu'après avoir changé une foule de choses en ce pays de France.

Les événements qui se précipitaient étaient graves, mais, à si longue distance, ils perdaient de leur signification. L'écho n'en arrivait qu'affaibli à l'oreille des paysans, comme de coutume, vaquant aux travaux de la terre. L'agitation des hommes ne bouleversait pas l'ordre des saisons; la nature impassible sollicitait du laboureur le même effort, et le travail restait la dîme éternellement due à ce dur maître, le sol.

Pourtant, le fracas de ce qui se passe à Paris croît et s'étend, et des émissaires qui parcourent les villages colportent, avec des gestes effarés, que le peuple vient de prendre la Bastille.

La Bastille! ce nom ne dit pas-grand'chose à ces populations reculées. Mais La Tour d'Auvergne, à cette nouvelle, interrompant son labeur de numismate, quittant ses bouquins et ses médailles, s'élance dans la rue et se mêle aux groupes.

Ils sont arrêtés devant des affiches quotidiennement apposées à la porte de M. le bailli, ou sous le porche de la vieille église. Ce sont des placards imprimés aux armes du roi, timbrés de fleurs de lis, avec, en tête, ces mots respectés : *De par le roi.* C'est donc le roi lui-même qui porte à la connaissance de son peuple, ces décisives nouveautés!

Les Bretons ne savent pas lire l'imprimé, mais La Tour d'Auvergne est pressé de le leur traduire. Il passe pour tout savoir : on l'entoure, on l'interroge.

Que font-ils, ces Parisiens? il a trop de bon sens pour accréditer les légendes qui font si odieuse la Bastille; il sait le roi trop débonnaire pour croire que son bon plaisir a peuplé de victimes innocentes les cachots de la vieille prison; il est trop familier avec les artifices de la guerre pour exagérer la somme d'héroïsme que représente la prise, par vingt mille hommes, d'une forteresse défendue par quarante Suisses et autant d'invalides; mais il juge froidement l'acte accompli pour sa portée symbolique. C'est l'autorité royale battue en brèche par la nation, c'est la volonté du peuple armé faisant échec au pouvoir souverain. Les conséquences de cette action sont incalculables.

Bouche bée, on l'écoute, et confusément on comprend que quelque chose va changer.

— Et le roi? demande-t-on de toutes parts, car on lui est attaché par les liens d'une affection dévotieuse. On se rassure, en apprenant qu'il s'est rendu au milieu des émeutiers et qu'il a, de leurs mains, accepté une nouvelle cocarde.

— Nous la mettrons à nos bonnets, mes amis, crie La Tour d'Auvergne. Ses couleurs sont l'image de la patrie unifiée. Vive le roi et vive la nation.

Chaque jour apporte sa moisson de nouvelles, et ce n'est pas trop du commentaire lumineux du grenadier pour que chacun en puisse saisir le fil et les tendances.

Les innovations se succèdent, inattendues. On apprend que le 4 août, les seigneurs se sont dépouillés à l'envi de leurs privilèges, consentant à ne voir que des frères dans leurs propres serfs. Les hommes sont réputés égaux en droit : cela s'imprime, s'affiche et provoque une ivresse de liberté qui se traduit en chants satiriques et en rondes folâtres.

Dans cette frénésie du renouveau, la commune s'émancipe, prend conscience de sa force, se sent Partie délibérante dans l'État et, s'affranchissant de son plein gré, se donne même volontiers d'un petit État les apparences souveraines.

A l'instar du monarque, elle lève des milices, sous prétexte d'assurer sa sécurité; et ces milices, composées des plus braillards et des plus audacieux, risquent plutôt de la compromettre. Elle n'était rien, il y avait encore trois mois, cette commune, maintenant, elle est tout. Elle tranche, décide sans l'agrément de quiconque. D'aussi brusques collisions ne vont pas sans un peu d'anarchie.

Si éloignés qu'ils fussent de la politique, si étrangers qu'ils voulussent rester aux événements, les officiers cependant ne se pouvaient défendre d'en éprouver la soudaine et violente commotion. Que d'espérances de grandes choses dans l'aube que l'on voyait luire ! La Tour d'Auvergne, de retour à son régiment, comptait bien y être associé.

C'est que l'armée se confondait, chaque jour davantage, avec le reste de la nation. Tout le monde était soldat, ou prétendait l'être.

Ce n'était point sans soulever le rire et les quolibets des anciens qui vous avaient une prestance martiale acquise sous l'uniforme, par la pratique régulière des armes, et qui voyaient évoluer ces milices bourgeoises improvisées, et en lesquelles la bonne volonté tenait lieu de tout un peu, sauf de prestige. Affublées à la hâte d'oripeaux dépareillés, sans fourniment, armées de vieux fusils, de sabres, de piques, de hallebardes, leur prétention à parader sous de pareils accoutrements ne se défendait point d'une évidente bouffonnerie.

La garde nationale de province était composée de pères de famille dont l'aimable embonpoint s'accusait souvent sous les étoffes aux couleurs disparates :

— On équipe donc les citrouilles ! C'était un officier du régiment de La Tour d'Auvergne qui, tout haut, faisait cette observation discourtoise ; le propos fut entendu, on se fâcha.

L'auteur de la saillie tira l'épée, il s'apprêtait à rosser ces bourgeois, mais, à sa surprise, ils ripostèrent vertement. Les esprits se montaient. L'échauffourée eût dégénéré en émeute sans l'intervention de La Tour d'Auvergne. Son sens droit lui inspira l'éloquence qui persuade. Il s'en fut parmi les civils et leur dit :

— Je suis du régiment d'Angoumois et je repousse les insultes que vous avez faites à l'uniforme que j'ai l'honneur de porter ; mais je réprouve aussi les railleries qui ont accueilli le vôtre. Il n'est rien de ridicule dans l'attitude d'un citoyen armé pour la défense de la nation ; mes camarades n'ont souri que parce qu'ils n'ont pas la patience d'attendre que le danger ait fait de vous des héros. Soldats d'hier, soldats d'aujourd'hui, soldats de demain, citoyens de la même patrie : nous sommes frères !

On devait s'entr'égorger, on s'embrassa. De ce moment, on vécut d'intelligence. Mais que cet incident disait de choses! Que de chemin parcouru depuis le 14 juillet dernier, dont le premier anniversaire allait sceller le pacte d'union.

Ce fut à Paris que cette fraternité s'affirma dans une apothéose qui s'appela : la Fédération. L'Assemblée avait décidé de célébrer, au Champ de Mars, la chute de la Bastille. Sur le terrain préparé avec une allégresse qui confondait toutes les classes, était dressé, à l'antique, un autel dédié à la Patrie. Et devant cet autel, en présence de Louis XVI, de la reine, du dauphin, les députations de toutes les milices des départements et de tous les corps de l'armée s'unirent dans un même serment de fidélité à la nation, à la loi et au roi.

L'enthousiasme ouvrait aux rêves des horizons splendides. Les âmes communiaient dans l'élan sincère d'une fraternité immense. On s'étreignait, on s'embrassait, citoyens et soldats, miliciens des bataillons fédérés et militaires des anciennes troupes.

Des banquets s'improvisaient où la concorde régnait aussi douce qu'au sein de la famille. Les doigts se nouaient pour des rondes; elles se poursuivaient sans fin dans les Champs-Élysées que les lampions illuminaient; et sur la place même où fut la Bastille exécrée, on dansait...

La Tour d'Auvergne n'était pas des acteurs de ce jour inoubliable; il était demeuré au corps où il instruisait ceux qui l'entouraient de la signification de cet anniversaire.

S'il parlait à des camarades convaincus de la sagesse de ses propos, il remarquait aussi, parmi les fils de la noblesse, des fronts soucieux et des regards irrités.

— Au nom de qui devons-nous combattre? lui disaient-ils. Le roi, avec son fantôme d'autorité, n'est plus que le prisonnier d'une assemblée, elle-même prisonnière des caprices anarchiques de la rue. Qui servons-nous? Pour qui versons-nous notre sang?

Ce sentiment se manifestait à mesure que la Révolution se déroulait plus audacieuse, — comme le 20 juin 1791, où elle arrêtait, dans sa fuite,

DES BANQUETS S'IMPROVISAIENT.

le roi, pour le ramener à Paris, et, durement, lui faire accepter, la mort dans l'âme, la constitution nouvelle.

A cette constitution, l'ancien régiment d'Angoumois, devenu le 80e d'infanterie de ligne, en avril 1792, prêtera serment.

Sur la place, le régiment s'assemblera en présence des officiers municipaux représentant la nation. Le colonel, lecture faite du texte de la constitution, prononcera :

« Je jure d'être fidèle à la nation, à la loi, au roi; de maintenir de tout mon pouvoir la constitution, d'exécuter et de faire exécuter les règlements militaires. »

Les officiers sortiront des rangs, lèveront la main droite, et, à tour de rôle, prêteront le serment, dont ils signeront la formule; les soldats, d'une commune voix, enfin, crieront, eux aussi :

— Je le jure!

Tous les gradés, au jour de la prestation du serment, étaient à leur poste. Ce résultat était dû à l'influence de La Tour d'Auvergne. Ailleurs, il s'était produit des défections; des officiers étaient partis qu'il était indispensable de remplacer par ceux qui étaient restés; mais à ceux-ci il répugnait de paraître infliger à leurs camarades un désaveu.

Au 80e régiment, les réfractaires se réunirent en un conciliabule auquel ils convièrent La Tour d'Auvergne. Ils entendaient dénoncer la Révolution, son esprit, ses tendances, ses premiers excès. Tous ces fils de famille se sentaient atteints : c'étaient leurs espérances déçues, leurs croyances bafouées, leurs privilèges anéantis. France et royauté étaient, à leurs yeux, deux termes inséparables, et c'était, à cette heure, défendre la France que de défendre la royauté. Ils ne doutaient point de voir se rallier à leurs sentiments un descendant de l'illustre maison des Turenne et des Bouillon, un de ces gentilshommes dont la lignée devait tant à la monarchie.

La Tour d'Auvergne les écouta en silence, grave et profondément attristé. Et lentement, pesant ses mots, il prononça :

— Vous me proposez de partir à l'étranger, d'entrer dans les rangs de l'étranger, d'émigrer avec vous ; vous oubliez que je n'ai revendiqué le nom que je porte que parce qu'il me rappelle ce qu'un soldat doit à son pays. C'est trahir son pays que de le quitter. Et c'est trahir le roi. En demeurant, je lui obéis. Ne lui ai-je point prêté serment sur la constitution qu'il nous imposa? Soldat, au poste que mon serment m'assigne, je resterai fidèle.

Cette déclaration, tombée de la bouche d'un officier aussi hautement estimé, impressionna. Tels qui hésitaient, à ce patriotisme qui s'harmonisait si heureusement avec leur loyalisme monarchique, se déterminèrent à rester; mais ceux dont les familles affolées s'étaient déjà condamnées à l'exil ne subirent point cette influence;

ils la combattirent, ils jouèrent la suspicion. Cette déclaration si fière était-elle exempte d'arrière-pensée ? L'ambition n'en était-elle point le ressort essentiel ? Le beau sacrifice que faisait La Tour d'Auvergne ! Péniblement, il n'avait encore gagné que les galons de capitaine ; ses camarades une fois démissionnaires, sa fortune monterait rapidement tous les échelons de la hiérarchie.

La Tour d'Auvergne entendit sans colère ni mépris ces offensants soupçons. Son caractère les dominait de trop haut. Il donna pourtant une preuve de sa sincérité qui fut, sur-le-champ, éclante, irréfutable.

— C'est mal me juger, dit-il, que de me prêter le sentiment d'un soldat qui n'aspire qu'à servir sa fortune et non son pays. Ce serait mon droit, je suppose, de prétendre arriver, par ma conduite, aux grades supérieurs : mais je veux répondre à qui m'accuse de cette ambition. De ce jour, solennellement, devant vous, capitaine de La Tour d'Auvergne, je jure ne jamais accepter d'autre grade que celui avec lequel j'ai jusqu'ici combattu. Je resterai, toute ma vie, le grenadier que vous avez connu.

Ce serment, il le tint jusqu'à la mort.

CHAPITRE IV

La guerre est déclarée. — Les blancs et les bleus. — Premières armes en Savoie. — A l'armée des Pyrénées. — Attaque du camp de la Sarre par les Espagnols. — La Tour d'Auvergne arrête la panique. — Il est nommé colonel au 20e régiment. — Il refuse. — Les grenadiers du 80e veulent le nommer lieutenant-colonel. — Il reste fidèle à son serment.

Les secousses imprimées par l'émeute au trône sur lequel Louis XVI, depuis le retour de Varennes, est si mal assis, ont leur répercussion au dehors.

En Europe, les monarques, inquiets pour leur sécurité, s'estiment solidaires des malheurs qui accablent le roi. Ils tiennent pour un exemple contagieux les brutales façons dont en use la France envers son prince légitime. Ils se flattent de l'amener à en changer.

Cette ingérence étrangère appelle une révolte du sentiment national ; les Girondins ne sont pas les derniers, malgré leur modération, à pousser le roi à répondre par la guerre à ces menaces d'invasion.

Louis XVI, lent, lourd, faible, hésitant, bonhomme aux vertus domestiques, et peu fait pour assumer une si redoutable tâche, en apparence, semble approuver les hostilités contre l'Autriche et la Prusse ; en secret, n'a-t-il pas quelque penchant pour cette coalition dont l'objet est sa propre délivrance ?

L'âme d'un loyal soldat, en un tel moment, est soumise à une rude épreuve ; mais La Tour d'Auvergne a choisi son poste de combat. Il ignore les hommes et les institutions : il ne connaît que sa patrie. Elle est en danger. L'Autriche s'est dressée contre elle. Dans ce duel qui s'engage, il ne voit que la couleur des uniformes : où sont les uniformes français est sa place. Le devoir d'agir ainsi s'impose d'autant plus impérieux qu'il est plus difficile. La guerre est déclarée le 20 avril 1792. L'étranger a des armées bien pourvues et disciplinées. La France n'a à leur opposer que des volontaires, recrues de hasard, levées sur la place publique, accourues au roulement du tambour, et poussées par un sentiment encore indéfinissable, qui est l'éveil du patriotisme nouveau.

L'équipement de ces recrues laisse à dire; les anciens, les *blancs*, ainsi nommés de ce qu'ils ont conservé l'habit de cette couleur, accueillent avec quelque dérision les *bleus*, gauches, ahuris, animés de l'esprit de licence, et habillés Dieu sait comme. Les premiers se disent des « soldats de porcelaine » parce qu'ils vont au feu, et traitent les seconds de « soldats de faïence » parce qu'ils n'y vont pas.

Cette impression sera corrigée et bientôt. On mûrit vite au soleil de tels événements. Ces *bleus*, volontaires affamés et en loques, balourds et niais, quand ils auront pris contact avec l'ennemi, reçu le baptême du feu, seront des soldats enthousiastes, disciplinés, épiques, qui inspireront aux vieilles armées d'Europe une admiration faite de respect et d'épouvante.

Pour leur début, les *bleus* de La Tour d'Auvergne n'eurent point à supporter de bien terribles assauts.

Ils faisaient partie de la dernière des quatre armées improvisées pour la défense du pays, et placées sous les ordres de Montesquiou, qui était chargé de la surveillance des Pyrénées et des Alpes. Cette armée reçut l'ordre de conquérir la Savoie.

Placé en avant-garde, La Tour d'Auvergne se réservait pour les coups d'audace. Il n'eut pas à en accomplir.

Les Savoisiens, de cœur avec les Français, les attendaient. Les Piémontais, qui avaient la garde de cette province, s'étaient enfuis si brusquement, que les vainqueurs se demandaient de quelle couleur pouvait bien être le sang des vaincus.

Ce premier avantage belliqueux illusionna peut-être les jeunes soldats. Ils s'imaginèrent que la guerre était une promenade pleine d'agréments, qui s'accomplissait au bruit des acclamations, dans le concert joyeux des cloches. Ce succès, toutefois, n'allait pas sans quelque embarras. Le soldat vit sur les territoires qu'il conquiert, la réception, en Savoie, était si cordiale que l'on se faisait un point d'honneur de mourir de faim plutôt que de se nourrir aux dépens des populations.

Toutes les campagnes ne seront pas aussi aisées. Les soldats de Montesquiou vont l'éprouver en Espagne.

Charles IV, qui n'était pas entré dans la coalition, à la mort sur l'échafaud de son parent

Louis XVI, sortit de sa neutralité. Il manifesta son courroux par des actes hostiles, et, le 23 mars 1793, répondit, en l'acceptant, à la déclaration de guerre de la Convention.

L'armée appelée à le combattre, et dont La Tour d'Auvergne faisait partie, s'appelait l'armée des Pyrénées.

En face d'elle était l'armée espagnole, forte de vingt-deux mille hommes, qui poussa vainement une pointe jusqu'à Hendaye, et, dépitée de cet insuccès, résolut de le venger. Une nuit, elle se jeta à l'improviste sur le camp de Sarre.

Les Espagnols, divisés en deux colonnes, étaient arrivés à pas de loup sur nos avant-postes formés de gaillards cependant aux aguets et singulièrement agiles et audacieux, les *miquelets* (c'étaient des déserteurs espagnols et des montagnards). Ils furent pris comme au piège. Les Espagnols continuèrent à s'avancer.

En vue du camp, brusquement, leur général ordonna un feu nourri. Terrible réveil pour les volontaires français, pour la première fois mêlés à une action. Ils furent saisis d'une effroyable panique et se sauvèrent à toutes jambes.

Pour barrer la route à l'ennemi, heureusement que se trouvaient là les solides grenadiers du 80e, avec l'intrépide La Tour d'Auvergne. La colonne espagnole qui se portait sur Bayonne se heurta, dans la nuit, à cette muraille de poitrines invincibles.

En lignes plus serrées que profondes, les grenadiers avançaient, silencieux, sur les assaillants dont, à la lueur des décharges, ils devinaient la position. Quand ils furent à quelques pas :

— Feu! cria La Tour d'Auvergne.

Cette décharge opportune leur tua assez de monde pour faire aux nôtres un rempart de cadavres, qui les abrita. Étonnés par cette riposte, dont les ténèbres ne leur permettaient point de mesurer l'importance, les Espagnols se démoralisèrent, et leur élan, contre cette ruse, se brisa. Mais l'illusion ne pouvait se prolonger, il fallait songer à la retraite; les grenadiers se replièrent sur le camp français mal remis d'une si chaude alarme et où tout était désordre, fuite et confusion. Des canons étaient abandonnés. Les grenadiers, stimulés par La Tour d'Auvergne, eurent le courage d'enclouer une des pièces et d'atteler les trois autres que, sous le feu de l'ennemi, ils entraînèrent hors du camp.

L'indiscipline avait failli tout compromettre. C'est qu'il n'y a pas d'armée sans discipline. Si le soldat n'est pas, entre les mains de ses chefs, un instrument passif, il n'y a, au camp, d'autres sentinelles que la Panique et la Trahison.

Vous venez d'apprendre que la Révolution a édicté de très beaux principes sur la liberté de l'homme et ses droits. Elle ne va pas tarder à s'apercevoir qu'ils doivent, à la guerre, subir une première atteinte.

Les officiers demandent à la Convention d'élaborer un code militaire dont la rigueur soit implacable. Il comportera que tout refus d'obéissance sera châtié, toute capitulation suivie de mort, toute lâcheté imputée à crime. Ce qui n'est que peccadilles dans la vie civile s'aggrave, en campagne, du fait qu'il y a méconnaissance des instructions des supérieurs. Comment retenir de piller des hommes excités par une sauvage ardeur et dénués de tout, sans la menace de châtiments disproportionnés avec la faute ?

— Si tout soldat qui vole une épingle, disait Carnot, n'est pas fusillé sur-le-champ, vous ne ferez jamais rien.

Et telle était cette discipline que, campés sous

des cerisiers, les grenadiers mourant de soif, n'osaient tendre la main pour cueillir les cerises.

Carnot n'est pas un méchant, cruel aux soldats, mais il les a étudiés au gîte, en marche et à l'étape ; il s'est instruit de leurs besoins. L'un des premiers, il a été de ces commissaires qui, après le 10 août 1792, furent envoyés aux camps pour veiller à leur organisation et à leurs approvisionnements. Ces commissaires écoutaient les doléances des populations sur lesquelles pesaient de trop lourdes charges militaires; ils enregistraient les plaintes des soldats que les populations n'assistaient point avec un patriotique élan. Tous ceux qui remplissaient cette mission n'y étaient pas aptes. De certains, l'incompétence tracassière et brutale exaspéra de braves et loyaux défenseurs.

Carnot était de ceux qui savent discerner les véritables intérêts de l'armée, lesquels se combinent toujours avec ceux de la nation; il se faisait le défenseur des idées de l'Assemblée auprès des troupes, et l'avocat des troupes contre les décisions parfois brouillonnes des assemblées soumises aux influences des haines délatrices et des peurs, mauvaises conseillères.

Il n'était pas rare de voir un soldat éprouvé,

victime d'il ne savait quelles intrigues et quelles suspicions. Hoche, dont les sentiments étaient au-dessus de la calomnie, ne fut-il pas jeté au cachot? En dépit de la grande amitié que lui vouait Carnot qui en faisait son compagnon, et, au camp, se promenait avec lui, son bras passé sous le sien, La Tour d'Auvergne était réputé suspect parce qu'une particule précédait son nom, et encore qu'il combattît avec une inlassable bravoure, ses biens étaient confisqués comme biens d'émigrés.

L'étrange époque! Que de sentiments mesquins faisant échec à des sentiments sublimes! Que de désintéressement, de dévouement et d'abnégation neutralisés trop souvent par l'envie, la violence et l'effroi! Comment, à ce point, des législateurs pouvaient-ils manquer de clairvoyance et traiter en adversaire un homme dont les vertus aux lignes si nettes et si pures, étaient d'un métal antique?

Il vous souvient que lorsque ses camarades, les officiers, lui demandèrent d'émigrer, son patriotisme s'y refusa.

Comme on suspectait la sincérité de ses intentions, et qu'on le soupçonnait de ne demeurer que pour profiter d'un prompt avancement, à la faveur des vides, il fit le serment de ne jamais accepter de monter en grade. Or, son général en chef, Servan, qui l'avait apprécié, lui fit savoir, au commencement de 1793, qu'il le proposait pour colonel du 20e régiment.

La Tour d'Auvergne rassembla ses grenadiers et leur fit connaître qu'il avait un avis à leur demander.

— Mes enfants, leur dit-il, on me nomme colonel d'un autre régiment.

Il se fit autour de lui un silence ému. Les rudes visages, sous une ombre de mélancolie, s'altérèrent.

— Dois-je accepter ?

Le plus vieux, d'une voix étranglée par les sanglots, prononça :

— Notre capitaine, ça vous est dû; et, là-dessus, on pense que, dans toute l'armée, il n'y a qu'un cri.

Un autre ajouta :

— Si seulement, on pouvait vous suivre!

La Tour d'Auvergne était radieux.

— Mes amis, on est donc content de son capitaine ?

— Peut-être sommes-nous plus contents de lui qu'il ne l'est de nous, puisqu'il nous quitte.

— Non, mes enfants, je reste. Sans votre avis, j'avais déjà refusé. J'ai voulu goûter la joie de savoir que mon départ vous aurait attristés. Nous faisons ensemble de la bonne besogne ; continuons.

Les anciens pleuraient.

— Mais votre commission, capitaine... votre grade... votre avancement?

— Qu'est-ce que tout cela auprès de l'amitié que vous me montrez! Elle m'est chère. Scellons, ce soir, notre nouveau pacte, dans un repas que je vous offre.

Ce ne fut pas un festin. Les mets relevés manquaient sur les planches qui constituaient la table : du pain bis, du lard, quelques noix, peu de vin, une larme d'eau-de-vie pour boire à la santé du capitaine; mais le serment qui lia ces braves à leur chef fut de ceux que le sang cimente. Lorsque, plus tard, vous verrez ces hommes, à la voix de La Tour d'Auvergne, faire si délibérément le sacrifice de leur vie, affronter d'insurmontables périls et vaincre contre toute attente, vous comprendrez, par des anecdotes comme celle-ci, quels liens rares et touchants unissaient ces énergies à cette intelligence.

A l'issue du repas, entre eux, les soldats complotèrent.

Le grand du coin, appelé La Rose, qui l'avait écouté en tapotant sa pipe sur son pouce, avait confié une idée qui lui était venue à l'homme au bonnet à poil qui séchait une larme sous ses épais sourcils. Il faut croire que l'idée avait du bon et qu'elle arrangeait joliment les choses, car le petit tapin qui tout à l'heure pleurait à chaudes larmes, maintenant, riait à gorge pleine.

Du secret de cette conspiration, on ne sut rien que quelques jours plus tard. Rencontrant La Tour d'Auvergne, La Rose le salua d'un grand geste militaire, et la main collée au bonnet, prononça :

— Mon colonel !

— Colonel !... Pourquoi me donnes-tu ce grade? Aurais-tu la berlue, mon pauvre La Rose ?

Et le grenadier de répondre :

— La berlue ? sur mon briquet, non, je vous le jure bien ! Je ne vous donne qu'un titre qui vous appartient depuis que le régiment a voté... Vous voir nous quitter pour être colonel autre part, ça nous ferait gros cœur ; mais de vous voir rester capitaine pour ne pas nous quitter, ça nous ferait gros cœur également. Alors, on a arrangé cela. Comme le grade de lieutenant-colonel n'avait pas de titulaire au régiment et que c'était au régiment de pourvoir à la chose en votant, on a voté tout d'une traite ; et vous serez notre lieutenant-colonel, parce que, sauf votre respect, mon capitaine, telle est notre volonté !...

A cette époque — ceci se passait en l'année 1793 — il arrivait souvent que l'armée était appelée à nommer, elle-même, ses chefs. On avait remarqué que le choix des bataillons était d'ordinaire judicieux. Les soldats avaient intérêt à élire, pour les mener au feu et les y faire se couvrir de gloire, les plus dignes, les plus capables et les plus braves. Si des intrigues — où n'y en a-t-il pas ? — amenaient des surprises, il faut reconnaître que le 80e régiment donnait une favorable idée de son jugement en hissant sur le pavois La Tour d'Auvergne.

Mais les votants avaient, en face d'eux, le Breton tenace, fidèle à la parole donnée. Cette nouvelle manifestation de la sympathie admirative de ses camarades le flattait, elle ne l'ébranlait pas. Dans une circonstance solennelle, n'ayant que ce moyen d'établir le désintéressement de son patriotisme ; devant les officiers qui émigraient, il avait juré de ne jamais, eux partis, ramasser les grades qu'ils abandonnaient. Capitaine il était, il resterait capitaine. Ce grade que lui décernaient les suffrages de ses compagnons, il le repoussa, au risque de voir, dans son propre régiment, d'anciens subordonnés, devenir ses supérieurs. Mais cette fermeté morale ajoutait à la grandeur de sa physionomie et fortifiait encore, par ce qu'elle avait d'exceptionnel, son ascendant sur ses hommes.

La vénération pour de tels chefs devient une sorte d'idolâtrie.

Comme à un foyer central, ils ramènent à leur volonté toutes les volontés éparses et en forment un faisceau. L'action qu'ils exercent est, en quelque sorte, immatérielle ; ils créent la foi. Ce qui frappait d'admiration dans La Tour d'Auvergne, c'était son intrépidité sans dommage pour sa vie.

Il entrait dans un ouragan de feu, et il en ressortait la capote en lambeaux et le casque troué, mais souriant et le corps indemne. Aux yeux des soldats, volontiers fatalistes, cette chance tenait du prodige. Ils disaient de leur chef :

— Il charme les balles.

CHAPITRE V

Il a accepté le cheval que lui offrait le gouvernement. — Il le prête aux hommes fatigués. — *La colonne infernale.* — La forteresse d'Hendaye et l'enfant abandonné. — Biriatou. — Aux avant-postes. — Les soldats de la République. — « Tâchez de nous avoir des souliers. » — Le réfractaire et le représentant aux armées.

En même temps que sa commission de colonel, La Tour d'Auvergne, avait reçu en magnifique présent un cheval ; s'il avait renvoyé la commission, il avait gardé le cheval.

Les capitaines alors n'étaient pas montés ; il n'avait été fait d'exception que pour ceux de l'âge de La Tour d'Auvergne à qui l'on ne pouvait infliger la fatigue des marches à pied. Mais La Tour d'Auvergne estimait qu'il n'était pas de petites économies quand la nation était si pauvre.

Pendant la campagne de Savoie, il s'était privé de monture afin de pouvoir appliquer le total de l'indemnité de son fourrage à l'équipement de deux fantassins bretons. Cependant, il accepta le cheval

« CAMARADE, DISAIT-IL, MONTE CE CHEVAL. »

qui lui était envoyé, non pour s'en servir, mais en prévision du secours que procurerait sa selle à plus fatigué que lui. A cette offre, faite à de simples soldats, il mettait sa délicatesse coutumière.

— Camarade, disait-il, monte ce cheval, il me gêne à conduire.

Comment repousser l'acte de bonté d'un chef qui l'imposait sous les espèces d'un ordre? Ce sont là peut-être des légendes, elles n'en vivent pas moins d'une vie indestructible. En ces traits, authentiques ou non, se décèle synthétiquement, à la lumière naïve du symbole, le caractère de ceux auxquels on les prête.

Depuis leur dernière victoire les Espagnols étaient restés tranquilles; les Français profitaient de cette inaction en s'organisant; leurs rangs dégarnis recevaient des renforts; les fuyards, catéchisés par les anciens, étaient ramenés à des sentiments meilleurs; ils brûlaient d'effacer l'impression de leur conduite.

Des gardes nationaux, levés dans le pays, venaient remplacer les volontaires dont le service n'avait pas toujours été exempt de reproches. La Tour d'Auvergne les instruisait à leur arrivée au camp. Il leur apprenait le maniement du fusil et leur enseignait quelque chose de plus précieux que l'alignement et que la charge : l'esprit de corps et l'esprit de discipline. Le soir, sous la tente, quand on n'avait pas trop sommeil, on parlait du pays, des êtres chers qu'on y avait laissés, du champ où l'on poussait la charrue, du chaume à l'ombre duquel, avant ces grands coups de foudre, il faisait si bon vivre.

Le vieux capitaine leur disait :

— C'est pour ce chaume, c'est pour ce champ, c'est pour ces êtres chers, que vous vous battez, car c'est tout cela qu'est la patrie. Il y a là, à quelques kilomètres, de l'autre côté de ces montagnes, des étrangers qui s'immiscent dans nos affaires, qui ont affiché la prétention impertinente de les régler à leur guise. Ils ont parlé d'entrer chez nous et de nous y régenter ; manquez de courage pour repousser ces prétentions, montrez-vous poltrons et lâches, tremblez devant leur audace et les voilà sur notre sol, dans vos champs, sous votre toit... Qu'est-ce que tu as, La Rose, à te gratter comme ça?

— Mon capitaine, j'ai des démangeaisons de me battre!

Le général Servan, le 22 juin 1793, va lui en

donner l'occasion. Il distribue ses troupes dans trois colonnes, dont celle du centre est formée des grenadiers, avec, à leur tête, La Tour d'Auvergne. Elle mérita d'être appelée quelquefois, depuis, la *colonne infernale;* mais ce ne fut pas la seule qui porta ce terrible surnom.

L'heure de l'action a sonné. La droite s'embusque dans les bois d'Hendaye, la gauche et le centre se tiennent au pied d'une hauteur que défend un poste avancé. C'est une maison dont les Espagnols ont crénelé les murs. Seul, vers cette forteresse improvisée, La Tour d'Auvergne s'avance; il somme les assiégés de se rendre. Ses hommes veulent partager le péril qu'il court et le rejoignent. Les Espagnols, par les créneaux, braquent leurs fusils sur eux. Comment les atteindre ?

— C'est très simple, explique La Tour d'Auvergne, qui, s'emparant de la baïonnette d'un Français, la plante dans le créneau d'où sort la baïonnette d'un Espagnol; faites comme moi et tirez!

L'audace intimide : le poste se rendit.

C'est le prélude héroïque d'une belle journée. Il reste à enlever d'assaut une montagne où les Espagnols sont retranchés.

— Nous avons une revanche à prendre, disent les soldats, qu'on ordonne l'assaut.

Sous le feu de l'artillerie, c'est aller à la mort.

— C'est aller à la victoire! crie La Tour d'Auvergne qui s'est placé à la tête de sa colonne. L'ordre est donné. En avant! c'est à qui arrivera le premier dans les retranchements ennemis. La silhouette de La Tour d'Auvergne se détache au plus périlleux de l'escalade. Cinq coups de feu déchirent ses habits. En avant! En avant! Cette furie a raison de la bravoure désespérée des Espagnols dont les redoutes sont prises, et qui s'enfuient.

Leur fuite fut si éperdue qu'ils en oublièrent, dans la place, un tout petit bébé. Le malheureux braillait de famine et de peur.

La Tour d'Auvergne le prit dans ses bras, le berça comme une mère, lui fit risette, ordonna qu'on s'enquît de lui trouver du lait. On l'eût adopté, selon une mode chère aux bataillons. Déjà, les grenadiers le faisaient grimper sur le sac, mais La Tour d'Auvergne leur rappela qu'un enfant perdu n'était pas un enfant abandonné, qu'une mère, quelque part, pleurait son petit. Il

A COUPS DE HACHE, IL L'ENTAME.

chargea un parlementaire de courir aux avant-postes ennemis le lui reporter.

Le 13 juillet, nouveau combat, et comme en sait imposer la valeur espagnole, si industrieuse à profiter des avantages de la guerre des rues. Le petit pays de Biriatou, à droite, sur la Bidassoa, est fortifié. A la tête de ses grenadiers, La Tour d'Auvergne enlève les retranchements et, l'épée à la main, pénètre dans le village; il lui faut conquérir maison par maison. Les ennemis ont prévu pour dernier refuge l'église, distribuée comme une citadelle, crénelée, et d'apparence imprenable.

Par les interstices de la porte disjointe, par les trous pratiqués dans les murs, passent des fusils qui crachent la mort. Les assaillants ont un instant d'hésitation à s'avancer à découvert sur un ennemi aussi bien abrité. N'est-ce point s'exposer sans profit? Les projectiles s'échappent de toutes parts. Des toits arrachés pleuvent des briques. Et l'adversaire invisible échappe à tous les coups. Il faudrait ici du canon.

— Une hache! crie La Tour d'Auvergne.

Il se soucie bien des fusils braqués sur sa poitrine! Il grimpe les degrés de l'église, se présente à la porte, et, à grands coups de sa hache, énergiquement, froidement, l'entame. Elle cède : c'est la forteresse ouverte, et faite la brèche par où s'élancent, baïonnette en avant, ses grenadiers, qui, électrisés par son courage, ont voulu leur part du danger.

En ce combat meurtrier, se distingue une jeune femme qui, pour ne pas quitter son frère et son mari, s'est engagée dans leur bataillon comme volontaire. Furie pendant l'action, son courage s'exalte plus encore lorsqu'elle voit son mari tomber à ses côtés.

— Je le panserai plus tard, crie-t-elle, mais d'abord que je le venge!

Les exemples sont fréquents, dans les armées de la Révolution et de l'Empire, de femmes qui, sous des vêtements masculins, se sont battues comme des soldats. Il advint qu'on ne les sut femmes qu'à leur mort, tant, jusque-là, elles avaient véritablement partagé la vie et les périls des hommes.

Dans son rapport sur l'attaque de Biriatou, La Tour d'Auvergne, à son ordinaire, s'oublia : il ne se rappela que cette femme intrépide, sollicitant pour elle les bravos de la nation et les secours pécuniaires dont elle avait besoin.

Le lendemain de cette affaire, La Tour d'Auvergne constata avec joie qu'on était à l'anniversaire de la Fédération.

On manquait de bien des choses pour célébrer cette importante date, car la détresse au camp était grande, mais le courage tenait lieu de ce qu'on n'y avait point. Et c'était une jolie coquetterie de soldat que de commémorer, par une victoire, un patriotique anniversaire. *Res non verba*, disait-il, faisant sienne la devise de Hoche. « Des actes et non des paroles ! » Cette maxime était sa constante règle de vie.

Il agissait. Il ne s'en remettait, en quoi que ce fût, qu'à lui-même. Ce n'était pas méfiance des autres et mépris de leur jugement, mais comme il entendait assumer l'entière responsabilité de ses actes, il n'en déléguait le soin à personne. Il ne dormait que d'un œil, toujours habillé, sur un manteau criblé de balles qui ne le quittait pas et qui était devenu un signe de ralliement. Le camp sommeillait encore, harassé, qu'à l'aube, le premier levé, il en parcourait les avant-postes, la pipe à la bouche, un livre à la main. Il tenait en haleine la vigilance des sentinelles, observait les mouvements de l'ennemi, déjouait ses ruses. Descendait-il à des préoccupations d'un ordre plus matériel? c'était au bien-être de ses soldats qu'il s'intéressait.

Vous connaissez la célèbre chanson :

> V'là le bataillon de la Moselle en sabots!
> V'là le bataillon de la Moselle!

Le bataillon de la Moselle a bien de la chance d'avoir des sabots! tant d'autres, alors, vont pieds nus.

L'état misérable des soldats de la République est indescriptible. Ils manquent des choses essentielles, et par là n'entendez point des chemises ou des bas, ce luxe de raffinés. Ils n'ont ni tentes pour s'abriter, ni bidons pour boire, ni marmites pour faire la soupe, ni vestes chaudes pour se couvrir l'hiver. C'est à la lettre qu'on les appelle des « sans-culottes ». Ce qui leur tient lieu de l'indispensable vêtement, c'est quelque cotonnade rayée, d'une coupe disparate, dont trois mois passés au grand air font des loques.

— Les représentants votent les fonds, dit plaisamment un ancien, et cependant nos culottes n'en ont pas!

C'est que les fournisseurs et les traitants ont

une façon à eux de... voler à la frontière. Sans patriotisme et sans honnêteté, ils vendent des draps médiocres et des semelles de carton. Le pauvre soldat, qui ne déroberait pas un lapin sans être fusillé, pâtit de ces pratiques indignes, que les chefs vainement dénoncent. Un conventionnel, passant au camp, à cheval, après avoir entendu narrer les hauts faits accomplis dans la campagne, complimente La Tour d'Auvergne, et se targue d'obtenir les faveurs qu'il sollicitera.

— Vous êtes influent, citoyen représentant? interroge le capitaine.

— Certes, et tout ce que vous me demanderez vous l'aurez; comptez-y.

La Tour d'Auvergne lui montrant alors ses tapins pieds nus, ses soldats entortillant de linges leurs orteils meurtris, et lui-même dénué de semelles à ses bottes :

— Eh bien, citoyen représentant, puisque vous êtes si influent, tâchez donc de nous avoir des souliers!

A la vérité, ces braves enfants avaient fini par s'amuser de leur détresse. Ils s'étaient endurcis à la peine et supportaient, avec une gaîté de bons géants, les misères de cette vie; ils étaient arrivés

« TACHEZ DONC DE NOUS AVOIR DES SOULIERS ».

à se dire, qu'au fond, pour courir à la victoire, les souliers les gêneraient peut-être. Et qu'à la victoire, ils brûlent de courir!

L'armée des Pyrénées occidentales n'avait pas eu sa part, jusqu'à ce moment, des éloges si enviés que la Convention décernait aux troupes victorieuses. Elle n'avait pas encore *mérité de la Patrie*. De discipline inférieure, mal aguerrie, sans une suffisante confiance dans l'énergie et la perspicacité de ses chefs, — et aussi, sans doute, les occasions de se montrer lui manquant, — elle se sentait, dans l'estime de la nation, l'objet d'une défaveur qui coûtait à son patriotisme et à son orgueil.

La Tour d'Auvergne, dans de fréquents entretiens, répétait à ses hommes qu'il ne tenait qu'à eux d'élever leur cœur à la hauteur des circonstances. Ils se devaient d'abord de se prémunir contre les terreurs paniques qui sont la honte des armées; ils se devaient de cesser de donner, à la moindre alerte, l'exemple humiliant de la terreur et de la confusion.

— Vienne une affaire, et vous verrez, notre capitaine, que l'on parlera de nous et que ce sera à notre tour d'être félicités! répondaient-ils.

— Mes amis, ripostait La Tour d'Auvergne, j'en accepte l'augure!

Les Espagnols, commandés par un soldat très brave et très actif qui s'appelait Caro, voyaient s'organiser l'armée républicaine et, par leurs espions, connaissaient que son moral était meilleur. Ils redoutaient qu'avec ses rangs complétés, elle ne devînt impossible à vaincre. Aussi, précipitaient-ils furieusement les attaques auxquelles les nôtres répondaient par des charges meurtrières à la baïonnette. Et encore là, vous devinez que La Tour d'Auvergne payait d'audace. Le général en chef, après une de ces affaires, ne se retenait point de lui écrire :

— Tu as rallié nos troupes avec ta sublime bravoure, une influence rare et la confiance : ce sont là les sentiments de l'armée dont je ne suis que l'écho.

A ce moment, les bataillons présentaient un certain mélange de rudesse irrespectueuse et de folle bravoure. Ils n'avaient pas encore cette discipline qu'on leur connaîtra plus tard sous la main de fer de Bonaparte. Ces héros sont épiques, mais débraillés. Ils n'ont de déférence que pour leurs chefs directs.

Un des soldats de la Tour d'Auvergne est rencontré loin de l'action, assis au pied d'un arbre, fumant sa pipe, son fusil posé sur les genoux,

dans l'attitude d'un placide spectateur. Un représentant aux armées passe, l'interroge :

— Que fais-tu là? Pourquoi n'es-tu pas avec les camarades, au feu?

Le soldat affecte un dédain impertinent. Est-ce qu'il a des comptes à rendre à cet inconnu? Le commissaire appelle un officier et lui enjoint d'interroger ce réfractaire insolent.

— Pourquoi, lui demande l'officier, n'es-tu pas sur le champ de bataille?

— A vous je veux bien répondre, réplique le soldat.

Et, entr'ouvrant sa chemise, sur sa poitrine traversée d'une balle :

— Parce que j'en viens!

Il tire bruyamment une dernière bouffée de sa pipe, l'abandonne, fredonne quelques vers de la *Marseillaise*, se renverse sur l'arbre, soupire et meurt.

CHAPITRE VI

Escalade de la montagne d'Haya. — « L'armée des Pyrénées occidentales a bien mérité de la Patrie. » — Siège de Saint-Sébastien. — La puissante artillerie des Français. — Roncevaux. — La défaite de Charlemagne et de ses leudes vengée par La Tour d'Auvergne et ses grenadiers.

La *Marseillaise* qui souffle cet enthousiasme dans les rangs, qui électrise ces énergies farouches, La Tour d'Auvergne l'a apprise à ses hommes, estimant qu'un couplet du chant national, par le feu qui s'en dégage, équivaut à la présence d'un bataillon.

Allons, enfants de la Patrie, le jour de gloire est arrivé ! Il est arrivé le jour de vaincre ! Ainsi en a décidé le général Moncey qui commande les troupes françaises. Il a résolu, le 28 juillet 1794, de prendre l'offensive et de culbuter les Espagnols.

Il s'est assuré le concours de La Tour d'Auvergne qui, tout simple capitaine qu'il soit, commande la colonne des grenadiers.

Il lui ordonne une marche forcée de dix-sept heures, par un soleil torride, dans des chemins affreux, avec l'obligation de se battre en arrivant. On commence déjà à ne plus savoir ce que signifie le mot impossible.

Des émigrés français servent dans les rangs espagnols. Leur camp est le premier éprouvé terriblement par cette attaque, mais le marquis de Saint-Simon, qui le commande, peut s'enfuir, blessé, répondant au soldat qui crie :

— Nous le tenons !

— Viens le prendre, si tu l'oses !

Que ce court dialogue serait beau, s'il n'était entre enfants d'une même patrie !

Cette affaire est le prélude d'une invasion en Espagne qui s'accomplit le lendemain, à la pointe du jour. Par la vallée de Bastan, l'avant-garde des grenadiers se porte résolument sur le fort de Maya qui la crible de ses projectiles sans arrêter son élan.

Avec une émouvante indifférence, la baïonnette au fusil, l'avant-garde décimée avance, avance encore ; morts et blessés tombent mitraillés, elle avance toujours. Ils sont effrayants ces hommes qui bravent, insensibles, l'ouragan des balles, et qui ne s'arrêtent d'avancer que si la mort les touche!

Les Espagnols se sentent saisis, à leur aspect, d'une épouvante folle et s'enfuient. Toutes les divisions montrent en même temps cette heureuse intrépidité.

Maintenant l'élan est donné, il est irrésistible; tous y participent, entraînés par cet enthousiasme qui fait les troupes invincibles. Des recrues arrivées récemment sont encore sans armes. Est-ce pour les retenir de prendre leur part du danger? Ces jeunes soldats se taillent d'énormes bâtons, dont ils font des épieux, qu'ils emmanchent en massues; et, dans les furieux corps à corps, ils ne sont, ainsi équipés, ni les moins téméraires ni les moins redoutables.

Les ennemis battent en retraite. Ils abandonnent Biriatou, le camp d'Irun, et se retirent, démoralisés, sur la montagne d'Haya. Ils s'y croient en sûreté. Les Français, pensent-ils, vont coucher sur leurs lauriers; ne sont-ils pas épuisés? Puis la nuit est venue.

Mais la *Marseillaise* chante toujours aux oreilles des nôtres : « Allons, enfants de la Patrie, le jour de gloire est arrivé! »

Ils ont résolu de vaincre, et il n'est obstacle

pour ralentir leur courage. Cette fois, ils ont fait un pacte avec la victoire.

A onze heures du soir, ils sont au pied de la montagne d'Haya dont ils vont, dans les ténèbres, tenter l'escalade. Ils grimpent à ses flancs par des pentes abruptes.

L'opération est vertigineuse; ils l'osent, doués soudain d'un surhumain courage. Ils s'accrochent aux aspérités, aux ronces qui, sous leur poids, déboulent. Ils se hissent les uns les autres, et leur témérité se riant des difficultés qu'elle surmonte, ils réalisent cette escalade périlleuse.

Les Espagnols réfugiés au sommet, voient, effarés, grimper ces êtres, dans l'ombre, fantastiques. L'effroi qui les glace est tel qu'ils oublient le mal qu'ils leur pourraient faire, d'où ils sont, s'ils tiraient; ils demeurent hébétés, et, par l'angoisse, paralysés pour l'action.

Aussi vigoureux, aussi alerte que le plus jeune d'entre ses grenadiers, se livrant à cette gymnastique paradoxale avec la souplesse de la vingtième année, en tête, tout là-haut, s'avance La Tour d'Auvergne.

Il excite ses hommes du geste, de la voix, il leur crie :

— Courage, enfants, la nation vous regarde!

— Faut tout de même qu'elle ait de bons yeux, pense La Rose, pour nous distinguer dans une nuit pareille!

La gaîté n'est jamais si vive dans les rangs que pendant ces heures héroïques. C'est que le devoir accompli en face de la mort fait la conscience légère.

L'escalade d'Haya fut l'une des prouesses homériques de cette exceptionnelle campagne. Toutes les troupes, sur tous les points à la fois, rivalisèrent de courage, jetant le désordre dans le camp ennemi, que les Français poursuivirent si loin et si longtemps qu'ils amenèrent Fontarabie à se rendre.

Le résultat fut superbe. Nos armées avaient pris 40.000 projectiles, 10.000 fusils, 200 bouches à feu, 6 drapeaux et fait 2.000 prisonniers. Enfin, elle se montrait donc digne de ses sœurs, cette armée des Pyrénées occidentales! Le bruit de ses succès volait à Paris, et le *Bulletin des armées*, au retour, lui apprenait que la Convention, dans un élan de juste reconnaissance, avait décrété « que l'armée des Pyrénées occidentales avait bien mérité de la Patrie ».

Être victorieux, c'est bien; profiter de sa victoire, c'est mieux! On ne laissa pas aux Espagnols le temps de se remettre; on décida de prendre, sur-le-champ, Saint-Sébastien, qui était fortifié et qui avait de l'artillerie. Les Français occupaient toutes les hauteurs environnantes, mais n'avaient point de pièces pour canonner la ville. Comment faire?

Le général Moncey en conféra avec La Tour d'Auvergne qui consentit, lui Breton, à jouer aux Espagnols, un de ces tours qui aurait suffi à illustrer la vie d'un cadet de Gascogne.

Possédant la langue espagnole, — vous voyez l'utilité d'apprendre les langues étrangères, — il se fit envoyer dans la ville en parlementaire; il représenta à l'alcade que le gouverneur de Saint-Sébastien exposait la cité à un affreux ravage, en prolongeant la résistance. La puissante artillerie des Français, lui disait-il (considérez que cette puissante artillerie se composait d'un canon), ne se retenait que par humanité de ne pas mettre la ville en cendres. Le pauvre alcade, tout tremblant, protesta qu'il était tout prêt à ouvrir les portes, si le gouverneur consentait à capituler.

— Eh quoi! répondit le gouverneur à son tour,

« MONSIEUR LE GOUVERNEUR, RENDEZ-VOUS ! »

veut-on que je capitule sans qu'on ait tiré un coup de canon ?

— Qu'à cela ne tienne, monsieur le gouverneur, répondit La Tour d'Auvergne, ce coup de canon, on le tirera !

Il retourna au camp et fit tirer le coup de canon promis.

Les batteries ennemies ripostèrent par une grêle de boulets. Mais la pièce française s'en tint à cette seule démonstration. Continuant à en imposer par cette incroyable audace, La Tour d'Auvergne revint vers les assiégeants :

— L'armée française a tenu ses engagements, elle a tiré ; par humanité, elle n'a lancé qu'un boulet ; n'attendez pas qu'elle crache sur vous la mort par cent bouches à la fois. (Mon Dieu, pensait-il à part, où les prendrait-elle ?) Et, superbe d'assurance :

— Monsieur le gouverneur, rendez-vous !

Convaincu par tant d'aplomb que les assiégeants disposaient d'une artillerie terrible et que la résistance de la place serait sa ruine, Saint-Sébastien capitula. Cet exploit, l'un des plus curieux que célèbrent à la fois et les annales des armées révolutionnaires et la vie de La Tour d'Auvergne, s'accomplit le 4 août 1794.

La garnison fut faite prisonnière, les Français pénétrèrent dans la ville, où ils eurent l'agréable surprise d'être accueillis avec d'aimables transports.

Les habitants leur savaient gré de leur avoir épargné les horreurs d'un bombardement.

La Tour d'Auvergne riait sous cape, lui qui savait à quoi s'en tenir sur le peu de mal qu'aurait pu causer ce pauvre petit canon dont un seul aboi avait fait trembler une forteresse, — roquet qui en avait imposé à une meute.

On trouva dans la ville des magasins bondés de farine et de riz, de quoi faire d'excellentes ratatouilles. Ce n'est pas à dédaigner. On n'a pas vu la mort de près sans avoir, le danger passé, une atroce fringale de vivre. Puis, quelle orgueilleuse joie pour le vainqueur, délivré de ses angoisses, en la ville conquise, de se reposer enfin, dans la satisfaction d'un grand et redoutable devoir accompli !

Imaginez-vous l'expression de béatitude de ce grenadier en guenilles, noir de poudre, pieds nus, à demi couché sur l'affût de l'une de ces trente-neuf pièces trouvées dans la place qui capitula, et se disant : « J'ai réduit, sur ce sol étranger, ceux qui menaçaient d'envahir ma patrie et de lui imposer leurs lois! »

Cette nouvelle victoire provoqua en France une allégresse universelle. Une seconde fois, la Convention décréta que l'armée des Pyrénées occidentales avait bien mérité de la Patrie; et, pour stimuler le zèle de ses rivales, elle porta ses actions d'éclat à l'ordre du jour de toutes les troupes de la République.

La terre où ces choses s'accomplirent est féconde en prodiges : ce fut là où jadis combattit Roland.

Rappelez-vous. C'était en 778. Sous le joug des Sarrasins, les chrétiens gémissaient. Charlemagne réunit une armée formidable et, franchissant les Pyrénées, envahit cette province de l'Espagne appelée alors Vasconie. Il put conquérir Pampelune, mais, vainement, il se porta sur Saragosse. Sa volonté s'y brisa contre une tactique savante.

Il se fût acharné pourtant à la victoire si, durant les opérations de ce siège stérile, on ne lui eût appris que les Saxons, ses sujets, s'étaient soulevés. Il se devait où le danger était le plus grave. Il remmena son armée dont le défilé s'allongeait, immense.

Il était déjà loin, en deçà des Pyrénées, que son arrière-garde était encore dans la vallée de Roncevaux. Les infidèles la guettaient là.

Ceux qui la composaient étaient les plus brillants d'entre les leudes. Sur leurs chevaux caparaçonnés comme pour le tournoi, ils s'avançaient, faisant au soleil étinceler leurs armures. Ils venaient de s'engager dans un défilé étroit, au flanc d'un rocher, le long d'un précipice, quand, du sommet de la montagne, des quartiers de roc se détachèrent avec un fracas épouvantable, roulant sur leurs têtes, broyant, écrasant tout ; entraînant au gouffre bagages, piétons et cavaliers. C'étaient les Vascons, qui, dissimulés sur la crête, surprenaient l'arrière-garde à leur merci et la massacraient. Ceux qui échappaient à l'horrible tuerie s'enfuyaient dans le col de Roncevaux, où ce fût bientôt une mêlée confuse, une inextricable cohue de cavaliers démontés. Les Vascons, agiles, fonçaient sur cette masse, étouffant sous le poids des armures et qui n'avait plus qu'à périr sans à peine combattre.

La fleur de la chevalerie se noya là dans son sang.

Là, périrent Anselme, comte du palais ; Eginhard, prévôt de la table royale; et le plus vaillant d'entre eux tous et le plus illustre, grâce aux récits des trouvères, Roland, le neveu de Charlemagne, Roland le paladin. En ses mains valeureuses, son épée, Durandal, besognait, terrible, abattant qui était assez téméraire pour s'approcher du cercle que l'éclair de sa pure lame décrivait.

Mais en vain, les blessés tombaient, d'autres accouraient qui les voulaient venger ou les suivre. Le preux, pourtant, ne se lassait point de les coucher à ses pieds où leurs cadavres s'amoncelaient; mais par malchance son épée se brisa.

Alors, pour appeler Charlemagne, il sonna de l'olifant; quand l'empereur à son appel répondit, la nuit était sur la vallée, l'aile du silence planait sur les morts. Et parmi eux était Roland.

Le souvenir de cette action était demeuré dans l'esprit des hommes. Les poètes, qui donnent l'immortalité en chantant, firent la chanson de Roland qui égale aux poèmes d'Homère. Sur le lieu même où ces exploits s'accomplirent, des légendes ont fleuri, dont le temps n'a altéré ni l'émotion, ni l'éclat.

Un jour que, suivant sa coutume, après le combat, La Tour d'Auvergne secouait la poussière d'une bibliothèque, dans un couvent de capucins, à Fontarabie, ses yeux tombèrent sur un très ancien manuscrit contemporain de ces événements.

C'était un chant des vainqueurs d'alors qui disaient notre défaite. « Ils fuient, ils fuient! Où est donc la haie de leurs lances? Ils étaient dix mille. Combien sont-ils? Quatre, trois, deux, un... Plus un! La nuit, les aigles viendront manger ces chairs palpitantes, et tous ces os blanchiront dans l'éternel sommeil. »

Mais la victoire aujourd'hui avait changé le cours de ses faveurs.

Les Francs endormis s'éveillaient aux roulements de nos tambours. Où Charlemagne avait pleuré le sang stérilement répandu de ceux qui étaient les plus chers à son cœur, et où son âme orgueilleuse avait subi l'humiliation de la défaite, flottaient nos étendards victorieux.

Émule de Roland, il appartenait à La Tour d'Auvergne de mettre le sceau à sa réputation en s'associant à la conquête de cette vallée où le paladin mourut.

Au lieu même où il avait péri, une pyramide s'élevait, disant son malheur. « Ce monument qui, depuis mille ans, écrivait le général Moncey, attestait, dans la plaine de Roncevaux, la défaite de nos pères, a été abattu par les mains triomphantes de leurs fils républicains. »

L'écho des vallées qui avait retenti des appels du cor de Roland, répétait le nom du héros, son égal en prouesses. Et le jour où, dans le décor des drapeaux conquis sur la valeur espagnole, la couronne civique décernée à l'armée des Pyrénées occidentales lui fut remise par les représentants du peuple, une ombre gigantesque sembla planer sur cette scène grandiose : l'ombre de Charlemagne attestant reconnaître, aux mains de La Tour d'Auvergne, cette fière Durandal qui fût l'épée de Roland !

Et, pour la seconde fois, La Tour d'Auvergne eut l'impression que sa tâche était faite. Ces dernières actions d'éclat n'en étaient-elles pas l'apothéose ?

CHAPITRE VII

L'hiver. — Le froid et la faim. — Le Tour d'Auvergne malade obtient sa mise à la retraite. — Il essaye de gagner la Bretagne par mer. — Il est pris par les Anglais. — Sa cocarde. — On l'échange contre un officier anglais. — La guerre civile en Vendée l'oblige à se retirer aux environs de Paris. — La petite maison de Passy. — Reprise de travaux littéraires. — Brumaire. — On veut le nommer membre du Corps législatif.

..... L'hiver était arrivé avec le cortège de ses incommodités.

Les soldats allaient en guenilles. L'interruption des communications sur un sol inhospitalier les réduisait à la famine. Il faisait un froid atroce. La neige qui, en tombant, comblait les cols, tissait le linceul de ceux qui avaient l'imprudence de s'y reposer. La fièvre décimait les vaillants que le plomb avait épargnés et, terriblement meurtrière, réduisait à néant les effectifs.

Pourtant il fallait subsister, aride problème. Les ravitaillements étaient impossibles; on ne mangeait plus, on trompait sa faim avec une poignée de riz et quelques racines gelées ; c'était pour abattre les plus robustes. L'épidémie ajoutait à l'horreur de la plus extrême disette. Mais telle était la discipline, obtenue en quelques mois, qu'on n'entendait ni murmures ni plaintes, et que même les affamés de Saint-Sébastien ne s'appropriaient pas, par la force, le pain blanc que les Espagnols proposaient à leur appétit sans argent.

Enveloppé dans son grand manteau rapiécé, près des bivouacs neigeux où ses hommes, nu-pieds et en lambeaux, se ranimaient, La Tour d'Auvergne errait en proie à des maux de dents devenus intolérables, que les souffrances du camp exaspéraient encore.

— Non, décidément, je ne suis plus propre à servir, gémissait-il. Mon corps est usé, ma santé ruinée par les privations, les veilles et les fatigues. La perte des dents supérieures m'oblige à ne vivre que de laitage; mes yeux s'affaiblissent; il est temps pour moi de solliciter, de la Convention, ma retraite. Je n'ai que de petits revenus, ils me suffiront. On donnera mon traitement aux pauvres de Carhaix.

Il rédigea sa demande, et si grande était sa

modestie qu'il crut devoir la faire apostiller par ses chefs. Moncey disait :

— La haute réputation du brave La Tour d'Auvergne, si connu par ses talents militaires et par son courage héroïque, me dispense de lui donner des attestations qui seront toujours au-dessous de sa renommée.

Les représentants du peuple en mission à l'armée, à leur tour, témoignent « que ce citoyen a, dans toutes les circonstances, montré autant de zèle que de dévouement à la chose publique. Ses talents militaires, disent-ils, ses vertus civiques, son intrépidité dans les combats lui ont constamment attiré la confiance, l'estime, l'attachement de tous ses frères d'armes et des représentants de la nation. Sa retraite est une perte pour l'armée, mais elle est fondée sur de longs et importants services et par l'impossibilité de les continuer. » Le général en chef lui délivre la permission de se retirer selon le désir qu'il en manifeste.

Pour un certificat de bonne conduite, enfants qui serez soldats, convenez-en : en voilà un qui ne laisse rien à souhaiter, et n'était que la perfection est bien difficile à atteindre, ce serait un modèle à vous proposer.

« JAMAIS ! » RÉPONDIT LA TOUR D'AUVERGNE.

Le 7 janvier 1795, il obtint de rentrer dans ses foyers, comme officier retraité avec, malgré sa volonté, huit cents francs de pension annuelle.

— Enfin, soupira-t-il, je vais donc m'aller reposer ! A cinquante et un ans, après trente-trois ans de services, c'est peut-être mon tour.

Pas encore, mon capitaine : les Anglais sont là !

C'est par la voie de mer — pour éviter la Vendée insurgée — que La Tour d'Auvergne rejoint son pays natal. Il s'est embarqué à Bordeaux sur un petit transport qui fait voile sur Brest. Il s'y trouve en compagnie de quelques officiers et de soldats bretons.

Ils battaient la mer depuis vingt-cinq jours, quand, à trois ou quatre heures de Brest, la tempête qui sévissait jeta les passagers sur un rocher où le bâtiment faillit s'entr'ouvrir. L'eau déjà s'engouffrait dans le navire et le menaçait d'un tragique naufrage. C'était dans le temps où la Grande-Bretagne surveillait étroitement nos côtes. Le bateau français fut aperçu par une frégate anglaise qui le surprit dans cette posture critique, sans que les hommes qui le montaient fussent en état de le défendre.

Passagers militaires, matelots de l'équipage furent faits prisonniers. Les Anglais exigèrent des Français qu'ils retirassent leur cocarde.

— Jamais ! répondit pour son compte La Tour d'Auvergne.

On insista ; il opposa, tenace, le même fier refus. On le menaça des fers :

— J'y tiens plus qu'à ma liberté !

On le menaça de la mort :

— J'y tiens plus qu'à ma vie !

Sa volonté imposa aux ennemis.

— Soit, *monsieur le chevalier*, lui dit le capitaine, ironique.

— Appelez-moi citoyen, répondit-il. Jamais mieux qu'en votre compagnie, je n'ai apprécié la beauté égalitaire de ce titre.

Les Français furent emmenés en captivité à Plymouth. Il est une loi que commande l'humanité : c'est de traiter les prisonniers avec douceur. Un pays se déshonore qui transgresse cette loi. Les geôliers de La Tour d'Auvergne et de ses compagnons la transgressèrent. Ce n'était ni pour la première fois, ni pour la dernière.

Les infortunés Français, capturés par surprise,

à la faveur de la tempête, et alors qu'ils n'étaient pas en état de combattre, étaient traités avec la même rigueur qu'eussent pu l'être des rebelles qui, les armes à la main, eussent violé toutes les coutumes de la guerre. On les entassa dans des cachots infects, sans air, sans lumière, soumis à toutes les privations, exposés à tous les outrages.

Ce procédé cruel visait à les amener à se plaindre d'un régime qui les avait exposés à ces avanies, et à le confesser tout haut, pour l'exemple. La Tour d'Auvergne, inflexible, s'il voyait quelqu'un de ses compagnons succomber à la faiblesse, le réconfortait de ses bonnes paroles ; et, s'il était dénué de tout, le secourait de ses deniers.

Lui, était demeuré irréductible. Libre de vaquer, par la ville, dans un rayon déterminé, un jour qu'il se promenait, la populace, que la vue de sa cocarde exaspérait, avec des gestes furieux, levant des bâtons, tendant les poings, fit la menace de la lui saisir. Froidement, il la détacha de son casque, l'enfila dans son épée et, à cette foule hurlante, cria :

— Venez la prendre !

Une autre fois, ce furent des officiers d'un régiment anglais qui l'assaillirent en armes, dans l'intention de lui arracher cette cocarde qu'il s'était refusé de retirer. Il la défendit contre leur assaut, dont il se plaignit à l'autorité britannique comme d'un attentat inqualifiable.

— Cette distinction, disait-il, fait partie de mon costume militaire. Je l'ai portée ici, depuis ma détention, et les officiers de votre nation, prisonniers de ma patrie, y ont toujours porté la leur. Serait-il possible que le gouvernement britannique ait autorisé un pareil outrage envers des soldats désarmés placés sous sa sauvegarde?

Cette mâle et digne protestation eut ce résultat: il n'était que prisonnier sur parole, on l'emprisonna tout à fait.

Il écrivit au ministre de la guerre, le faisant juge de sa situation. Il lui demanda de l'échanger contre un officier anglais prisonnier, ce qu'avec empressement, le ministre lui accorda. Il sortit de sa prison le 7 janvier 1796. Quelques jours plus tard, il débarquait au Havre. Son cœur s'emplit d'une joie immense. A qui revient d'exil, qu'il est doux, aux pieds, le sol de la patrie! La Tour d'Auvergne le foulait, enivré,

« VENEZ LA PRENDRE ».

objet des manifestations de ses compatriotes, qui tous savaient son histoire. Elle était admirable, et il pouvait se rendre ce témoignage :

— Dans les fers, j'ai gardé l'habit des batailles, et ma cocarde, — ce signe vénéré de ma nation, — ne m'a jamais quitté.

Il était persuadé de n'être désormais que voué à la retraite. Il ne lui restait plus qu'à chercher en quel lieu il se retirerait. Il songeait au pays natal, à la maison paternelle, toute pleine de ses chers souvenirs. Mais la guerre civile désolait la Bretagne.

Chouans et républicains étaient aux prises dans un duel dont il se refusait à soutenir le douloureux spectacle. Il en détourna momentanément les yeux. Plus tard, quand la pacification aurait fait son œuvre, alors, oui, mais alors seulement, il reviendrait auprès de son berceau, chercher sa tombe.

En quel coin de la France s'allait-il retirer, en attendant ? Il ne savait auquel donner la préférence, tant chacun a de charmes, lorsque le hasard d'une promenade le mena du côté de Passy.

C'était, à cette époque, un aimable petit village,

égayé de verdure, auquel la récente découverte d'eaux minérales avait donné une bienfaisante réputation. On y venait d'assez loin chercher la santé, dans le charme discret de modestes retraites qui n'étaient ni sans coquetterie, ni sans grâce.

Si vous tenez pour agréable d'aller vous promener dans cet ancien quartier qui a conservé, quoique faubourg parisien, un pittoresque agreste, arrêtez-vous devant le n° 21 de la rue Raynouard, — alors rue Basse, — c'était là.

La maison appartenait à deux de ses amis dont l'un avait été colonel. Il s'y fit donner une petite chambre qui suffit à la simplicité de ses goûts. Il y jouissait d'une vue superbe. A ses pieds, c'était la Seine, dont les calmes eaux coulaient entre leurs rives encore boisées; plus près, dans les feuillages du jardin, une source épandait une onde réputée; et, à l'horizon, les coteaux dessinaient, sur le ciel fin et léger, les lignes molles de la ceinture d'émeraude de Paris.

Il n'ambitionnait pas de faire grande figure, ni d'affecter un extérieur brillant. Il ne portait d'habits que ceux qu'avait usés la victoire; l'or n'en gonflait point les poches. Il avait néanmoins à pourvoir à son entretien, si modique qu'il fût, et à sa nourriture, si peu qu'il mangeât. Il lui restait à percevoir un arriéré de solde, qu'il réclama au Comité de Salut public. On l'invita à l'aller toucher au ministère de la Guerre. Il s'attendait à recevoir de ces assignats décriés, monnaie de papier dont il fallait bien des kilos pour représenter une pièce de vingt francs, mais par une faveur exceptionnelle, ce fut en écus qu'on le solda. Cela faisait un gros sac qu'il soupesa.

— C'est trop lourd, dit-il.

Et, après avoir prélevé une quarantaine d'écus :

— Gardez le reste pour d'autres ; je reviendrai si j'en ai besoin.

Il n'en eut jamais besoin, ou plutôt, s'il en eut besoin, il ne revint jamais le dire. Il s'était assigné une conduite de vie peu coûteuse : la vertu est à ce prix. Le monde serait plus abondant en gens de bien, si nous réduisions la somme de nos désirs.

L'objet de mes vœux, disait-il, est un cœur fermé à l'ambition, du pain, du lait et la liberté.

Il s'estimait heureux dans son humble retraite de Passy.

Il s'y livrait passionnément à ses études que la guerre avait interrompues. Il complétait une édition des *Origines gauloises*. Des amis le venaient visiter, parfois des savants, qui le quittaient ravis de la bonne grâce de son esprit et de sa profondeur.

Ils le trouvaient, le front dans sa main, écrivant, assis à sa petite table, devant sa croisée ouverte sur le parc animé des rumeurs de la nature indifférente aux crimes des hommes, immuable en ses modes, vêtue des mêmes fraîcheurs printanières, et dominant le tumulte de nos agitations de l'éternelle chanson de ses nids.

Si l'on s'entretenait de la politique, c'était pour se féliciter de la chute de la Terreur. Mais on regrettait de rencontrer, dans la réaction qui lui succédait, tant d'insouciance et de frivolité. C'est qu'on avait tremblé sous la menace constante de la hache, et que cela semblait bon, jusqu'à l'ivresse, d'être délivré des bourreaux.

On se laissait aller à la joie de vivre sans contrainte, tout aux plaisirs et aux fêtes. Paris revenait à l'agiotage, au jeu et à la dissolution des mœurs. Où n'eût-on pas glissé, par cette pente pernicieuse, sans la gloire militaire qui restait la pure et vaillante gardienne de l'honneur de la nation?

Sur cette pourpre martiale, le nom d'un soldat se détachait en lettres de feu : Bonaparte. On attendait de lui la victoire sur le sol étranger et la paix à l'intérieur. Insensiblement, on lui abandonnait la tâche de réduire les ennemis du dehors et les factions du dedans. Confiant en son étoile, attirant et redoutable, prompt en ses décisions, précis et clair en ses volontés : tel il apparaissait à la France, affolée au milieu des ruines qu'avait amoncelées sa propre colère, et qui souriait, comme à un sauveur, à ce général de vingt-cinq ans.

Le pays se réorganise, il fait appel aux concours des hommes qui peuvent le plus dans les conseils d'un gouvernement. Le poste de l'un des cinq directeurs, qui forment le Directoire, est vacant. On songe à La Tour d'Auvergne. C'est un honneur qu'il fuit en protestant. N'a-t-il pas fait abnégation de toutes les dignités? Sa célébrité force l'obscurité de sa retraite et violente sa modestie.

Plus tard, après le coup d'État de brumaire, — qui a placé le pouvoir dans la main de Bonaparte et acheminé la France vers l'empire, — le Sénat chargé de choisir les membres qui feront

IL DÉCHIRE LES PASSAGES QUI LUI ÉTAIENT CONSACRÉS.

partie du Corps législatif, nomme spontanément La Tour d'Auvergne. C'est une flatteuse distinction quand elle ne doit rien à l'intrigue, qu'elle n'est qu'un hommage rendu aux vertus du citoyen ou que le signe de la reconnaissance nationale pour un soldat vainqueur. Membre du Corps législatif, c'est sa vieillesse grassement dotée, à l'abri du besoin; car, avec l'ordre, la fortune est revenue, et la nation est à présent assez riche pour payer les services qu'on lui a rendus.

Mais La Tour d'Auvergne est irréductible.

— Mon poste est aux armées, répondit-il. Le législateur fait des lois : je les défends! Si la patrie a besoin de moi, qu'elle m'appelle à la place où, depuis plus de trente ans, j'ai accoutumé de combattre pour elle!

Autant que ses plus hauts faits, ce refus systématique des honneurs ajoutait à sa popularité grandissante. Ce désintéressement était à ce point exceptionnel que les ambitieux, pour la leçon qu'ils en recevaient, affectaient de croire qu'il était joué.

Sa sincérité était pourtant indiscutable; un ami qui le mena chez un libraire, l'allait éprouver.

Il lui mit, sous les yeux, un livre dans lequel on relatait ses actions d'éclat en les exaltant. L'ami jouissait d'avance du plaisir que La Tour d'Auvergne en éprouverait.

Le vieux soldat fronça les sourcils, sévère et chagrin, paya le volume et déchira les passages qui lui étaient consacrés. Il avait la pudeur de ses mérites et leur étalage le blessait.

Cependant, la dernière page de son histoire n'était pas écrite, et celle-là, — disons-le, dût sa modestie en prendre ombrage, — devait, en héroïque beauté, surpasser toutes les autres!

CHAPITRE VIII

La famille Le Brigant. — La Tour d'Auvergne s'engage pour remplacer le fils de son ami. — La paix. — Nouveau départ en 1798. — Le sabre d'honneur de Bonaparte. — *Premier grenadier des armées de la République.* — A la 46e demi-brigade. — Oberhausen. — Le 9 messidor an VIII. — Il est tué en essayant d'enlever un drapeau. — Les funérailles. — Transfert de ses cendres au Panthéon.

Il vous souvient qu'il entretenait avec son ami Le Brigant, — qu'il nommait son maître dans le domaine du savoir, — une correspondance très active.

Cet ami avait eu vingt-deux petits-enfants ce qui commence déjà à faire une jolie famille. De ses fils, trois étaient morts au service de la patrie. Le dernier, son Benjamin, son Jean, était à l'armée de Sambre-et-Meuse. Comme ses frères, le verrait-il tomber sous le plomb ennemi?

Cette pensée était cruelle à sa vieillesse. Ce nouveau sacrifice, que tout lui faisait craindre, était au-dessus de ses forces. Il pria son ami de s'employer à obtenir du gouvernement un congé pour son Jean... « Ma mort est prochaine, n'aurai-je point près de moi, pour me fermer les yeux, le dernier de mes garçons ? »

Quoique touché par les raisons du vieillard, cette proposition semblait inopportune à La Tour d'Auvergne. L'heure était aux décisifs efforts. Nul ne pouvait se dérober à son devoir. Cet enfant manquait à l'affection de son père ; mais s'il quittait l'armée, ne manquerait-il pas à la défense de la patrie ?

Sa bonté lui suggéra un moyen de concilier les élans de son amitié avec les exigences de son patriotisme : il se ferait le remplaçant du fils de son ami. Celui dont l'absence pesait à la famille reviendrait près des siens, et lui, le vieux soldat éprouvé, reprendrait, dans les rangs, la place de cet enfant.

Ce marché était trop avantageux pour que le gouvernement ne l'acceptât point. On autorisa donc La Tour d'Auvergne à reprendre momentanément du service ; mais on oublia la base de cette convention, et le fils de Le Brigant resta quand même sous les drapeaux.

La paix était signée, le 17 octobre 1797, par le

traité de Campo-Formio. La Tour d'Auvergne, inutile à l'armée, revenait, en sa chère retraite de Passy, où il déposait à nouveau l'épée, pour reprendre la plume. Son repos devait être de courte durée.

Au commencement de l'année 1798, une nouvelle coalition s'était formée contre la France dont déjà les conquêtes s'étendaient trop pour les facilités de la défense, et Bonaparte était en Égypte avec la meilleure des armées. Plus que jamais, il fallait faire face à l'Europe coalisée. La guerre était partout. C'était comme un immense incendie allumé par le monde.

La Tour d'Auvergne ne fut pas long à délibérer, il redemanda du service comme simple volontaire. Il fut assez heureux pour voir Masséna, en Suisse, faire perdre au général russe Souvarow les avantages qu'il avait jusque-là remportés sur les troupes d'Italie. Pour sa part, dans les environs de Schaffouse, avec deux cents grenadiers, il fit mettre bas les armes à tout un corps de neuf cents Russes.

Le Premier Consul était instruit des moindres actions de ses soldats : à plus forte raison connaissait-il ce qu'avait fait La Tour d'Auvergne. De retour en France, il était dans l'intention de récompenser ce héros rétif aux récompenses et qui estimait suffisante la satisfaction du devoir accompli. Le 26 avril 1800, Bonaparte prenait un arrêté qui, en lui octroyant un sabre d'honneur, le nommait *Premier grenadier des armées de la République.*

L'ombrageuse modestie de la Tour d'Auvergne se cabra une fois de plus devant cette flatteuse décision. Encore un peu, et n'était Bonaparte qui ne badine point et dont les flatteries sont des ordres, il se fâcherait.

— Il n'y a pas de premier et de dernier chez les grenadiers, murmure-t-il; tous font leur devoir. Je repousse cette qualification qui ne saurait m'appartenir.

Le décret fut maintenu.

— Il me reste à mériter le titre que je porte, dit La Tour d'Auvergne, et je ne le mériterai qu'en mourant pour l'avoir porté.

Le fils de Le Brigant était toujours sous les drapeaux, et toujours son père réclamait sa présence à son foyer. La Tour d'Auvergne reprit ses démarches auprès de Carnot, insistant pour qu'on le laissât remplacer le jeune conscrit. Une seconde fois, on accepta. Il en eut une grande joie, il s'écria :

— Je vaux donc encore un coup de fusil !

Il avait demandé à servir comme volontaire à la tête de la 46e demi-brigade sous les ordres de son ami et compatriote, le général Moreau.

La nouvelle que La Tour d'Auvergne était présent, électrisa les troupes. Il venait, très simplement vêtu d'un habit de garde national, avec, pour tout insigne de son grade, ses épaulettes. Il portait le sabre d'honneur qu'il avait reçu du Premier Consul, — et qui est maintenant au musée Carnavalet.

Vous pensez la fête qu'on lui fit ! Ses compagnons lui offrirent une belle aigrette rouge, une aigrette de capitaine. Il leur répondit :

— C'est trop beau, donnez-moi un vieux pompon de grenadier.

Le soir, refusant l'aide des soldats, il alla lui-même chercher la paille sur laquelle, à côté d'eux, il s'étendit, pour dormir.

Bonaparte, premier consul, est, depuis le 18 brumaire, l'arbitre des destinées du pays ; il a notifié, aux puissances, son avènement. La Russie et la Prusse acceptent de nouer avec lui d'amicales re-

lations. L'Angleterre et l'Autriche font des réponses agressives. Le pays aspire au repos, mais devant les offres de paix repoussées par ces nations, il encourage la reprise active des hostilités. Il donne deux cent cinquante mille soldats, que Moreau entraîne au delà du Rhin, tandis que Bonaparte franchit le Saint-Bernard, pour, en coup de foudre, tomber à Milan. De victoires en coups d'audace, il amène le plus habile des généraux autrichiens, Melas, à accepter cette bataille de Marengo qui fut la plus décisive peut-être de toute l'épopée.

Lorsque La Tour d'Auvergne arrive à l'armée,

Moreau poursuit les Autrichiens, en vue d'achever l'œuvre libératrice si bien engagée depuis Marengo. Les opérations sont ardentes et heurtées, avec des alternatives de gain et de perte. On ne va pas au but : on s'y précipite. Entre deux courtes haltes, La Tour d'Auvergne s'assied à terre, et un petit tapin lui ayant prêté sa caisse, il donne à un ami, au pays, de ses nouvelles, pour la dernière fois : « Mon vieil ami, je vous écris sur un tambour et à la hâte... »

Il lui annonce que les grenadiers de la 46e sont en instance de se mettre en marche. Depuis la journée du 4, il poursuit l'ennemi sans relâche. Il espère aller toucher barre à Munich où la paix se réglera sans doute. Il lui mande que le meilleur esprit règne dans cette armée toujours triomphante. Il en a reçu l'accueil le plus flatteur et son plaisir est à son comble.

Les troupes sont lancées à marches forcées sur les pas des Autrichiens en retraite, mais, sur les hauteurs d'Oberhausen, par suite d'une attaque imprévue, les forces françaises sont débordées. Le général en chef ordonne à la colonne dont fait partie la 46e demi-brigade de se porter à leur secours. Elle s'y rend au pas de course. En tête des grenadiers qui le suivent avec un respect dévotieux, s'avance La Tour d'Auvergne. C'est le 9 messidor an VIII.

Un compatriote, chemin faisant, le rencontre. La Tour d'Auvergne dominé par une émotion singulière, lui parle du pays. Il se complaît dans l'évocation des naïves images de son enfance. Il semble vouloir revivre tout son passé dans cette minute d'attendrissement qui précède l'action où son destin l'entraîne.

— Une goutte, mon pays? lui demande son camarade.

— Ce n'est pas de refus! répond La Tour d'Auvergne, tendant la main vers la gourde qu'il porte fiévreusement à ses lèvres.

— A la santé des bonnes gens de là-bas! fait-il, avec une gravité triste et comme s'il avait le pressentiment de ne les plus revoir jamais. Les deux soldats se dirent adieu. L'officier remarqua que son ami lui avait serré la main avec une pression significative.

On approchait du lieu du combat. Le chef de bataillon Hugo, père du poète, en revenait.

— Eh bien! lui cria La Tour d'Auvergne, comment va l'affaire?

« UNE GOUTTE, MON PAYS? »

— Encore un coup d'épaule.

— Nous le donnerons.

L'affaire est chaude. Il faut dégager une division qui, tournée, est aux prises avec les forces supérieures des Autrichiens. Grâce à des renforts arrivés peu à peu, sont organisés trois colonnes d'attaque qui agissent avec une si prompte vigueur et un si parfait concert, que l'ennemi culbuté est contraint d'abandonner sa position ; mais il a le courage du désespoir, ses troupes sont intrépides, et de part et d'autre, l'archarnement tragiquement inouï.

L'artillerie vomit la mort : c'est pour laisser impassibles ces combattants que l'ardeur de vaincre transporte. L'engagement est devenu un gigantesque et haletant corps à corps... Bientôt, la mêlée, dans le jour qui décline, est horrible et confuse. Les hommes sont poitrine à poitrine. C'est à l'arme blanche qu'ils s'entr'égorgent. Point de coups de feu, dans cette lutte farouche ; pour tous bruits, le cliquetis des armes, le râle de mourants, les cris des blessés, et ces clameurs de haine et de triomphe qui disent les hésitations de la victoire et les incertitudes du destin !

Au milieu de ses grenadiers, La Tour d'Auvergne

se bat, sublime d'énergie et de sang-froid, les excitant du geste, les enlevant par l'exemple. Il est dix heures du soir. Les ténèbres enveloppent ces lions. Une masse de cavalerie ennemie les vient assaillir. Un uhlan porte un enseigne que La Tour d'Auvergne devine dansles ténèbres. Elle tente sa témérité.

Il s'élance pour s'en saisir; mais un autre uhlan, qui a compris son geste, lui porte dans le cœur un si rude coup de sa lance qu'elle s'y brise.

La Tour d'Auvergne se renverse sur son cheval, et sans proférer une parole, sans jeter un cri, sans pousser une plainte, tomba.

Ses grenadiers l'emportent hors de l'action, défont ses vêtements, retirent de la plaie le fer maudit : mais le héros a cessé de vivre.

« La mort la plus désirable, avait-il écrit, est celle d'un soldat sur le champ de bataille. J'espère que je l'y trouverai ».

Cette espérance était comblée.

Les troupes perdaient un de leurs chefs les plus révérés, et les vieux grenadiers, sur cette chère dépouille, sanglotaient comme des enfants.

La dernière journée de sa longue et glorieuse vie était marquée par une victoire. Les Autrichiens — valeureux adversaires — battaient en retraite,

LA TOUR D'AUVERGNE SANS POUSSER UNE PLAINTE, TOMBA.

laissant prisonniers 800 des leurs. Dans la nuit même, ils évacuaient Neubourg ; et le lendemain, Munich, but de ces efforts, était, par nos troupes, occupé.

La satisfaction de cette victoire n'était altérée que par la pensée qu'elle coûtait un héros. Le corps de La Tour d'Auvergne était resté à proximité du champ de bataille, veillé par ses frères d'armes. Ils avaient pieusement enveloppé ses restes de feuilles de laurier et de chêne.

On décida d'entourer ses obsèques d'une pompe extraordinaire. La division entière fut appelée, le 10 messidor an VIII (28 juin 1800) à lui rendre les honneurs funèbres.

Toute l'armée étant sous les armes, son corps, avec ceux des officiers, ses compagnons, tués dans le même temps, apparut, porté sur un brancard de feuillage par ses grenadiers, que précédaient la musique avec les tambours voilés de crêpe. Les soldats qui, la veille, avaient partagé les périls du chef, l'escortaient, et, sur leurs joues bronzées, dans la broussaille de la barbe, de grosses larmes coulaient.

A l'endroit où il avait trouvé la mort, une fosse était creusée. On y déposa d'abord les corps des trois officiers, puis, les dominant un peu, La Tour d'Auvergne, la tête tournée vers le nord, — face à l'ennemi.

Si modeste que fût cette tombe, elle dépassait en apparat les honneurs habituellement rendus à ceux qui succombent pendant l'action, et n'ont, dans la tranchée commune, que la terre rougie pour linceul.

Les hommages exceptionnels accordés à la dépouille de La Tour d'Auvergne suffisent à dire quelle place il occupait dans l'admiration de ses pairs. Cette admiration n'empruntait rien à la vogue ou au caprice; elle n'était que l'expression d'un sentiment juste et raisonné, et c'était pour ce soldat la postérité qui commençait.

Courant à d'autres victoires, afin de se montrer dignes de l'exemple qu'ils en avaient reçu, la plupart de ses camarades s'étaient éloignés déjà, mais non sans avoir ordonné un tombeau digne de sa valeur.

Il se composa d'un sarcophage de pierre dressé sur trois lits de gazon, entouré de blocs que des chaînes reliaient. En septembre 1800, l'armée du Rhin, avec le concours du clergé d'Oberhausen, inaugura ce monument.

Depuis lors, il fut comme le reposoir du patriotisme.

Quand, sur cette terre, passaient des troupes françaises, elles se détournaient de l'itinéraire tracé, et venaient saluer celui qui avait, à un si haut point, porté la valeur militaire. Les généraux, sur cette tombe, demandaient à leurs soldats de faire le serment de mourir ou de vaincre.

Le propre des nobles actions est de soulever une admiration universelle. La Tour d'Auvergne était honoré chez ceux mêmes où il était venu combattre. Sa tombe, après quarante ans, appelait une réfection totale. Le roi de Bavière, Louis Ier, n'en laissa le soin à personne. Avec des ménagements infinis il fit ouvrir le tombeau. Le sol granitique avait conservé les ossements qui lui avaient été confiés, et le héros apparut, dans la paix sépulcrale, tel qu'on l'y coucha. Louis Ier était poète; il rima un distique gravé sur la pierre, qui disait : « Celui qui succombe dans la lutte sacrée trouve, même en terre étrangère, une patrie pour son repos. »

Sur cette terre, le brave grenadier demeurera jusqu'au jour où la France, en 1889, pour les transporter au Panthéon, viendra chercher ses cendres.

L'empereur allemand, par un hommage rendu à la valeur française dans un de ses glorieux fils, ordonnera à ses troupes, ce jour-là, de le saluer pour la dernière fois.

Ses compagnons avaient fait embaumer son cœur qu'un fourrier portait ostensiblement dans une urne attachée sur un baudrier. Son nom, par décret de Bonaparte, fut, à perpétuité, maintenu sur les contrôles, et prononcé aux appels, afin que l'écho répondît : « Mort au champ d'honneur ! »

Nul depuis n'a porté ce titre de *Premier grenadier*. Il fut offert à Cambronne qui en était digne, il le refusa.

— Qui donc pourrait s'en parer après La Tour d'Auvergne ! répondit trop modestement le futur héros du dernier carré.

Son éloge ? Le ferions-nous mieux que ses contemporains ? Quel panégyrique vaudrait cet ordre que le général Moreau adressait à l'armée pour annoncer la mort de son glorieux fils :

« Mes camarades, le premier grenadier des armées de la République est tombé percé d'un coup de lance au cœur. Ses yeux mourants ont vu fuir l'ennemi et il a expiré satisfait. »

En sa concision lapidaire, cette phrase émue,

écrite sur le champ de bataille, par le général en chef, ne trace-t-elle pas de La Tour d'Auvergne un définitif portrait? Il se bat, il est frappé, l'ennemi s'enfuit, et il meurt content!

La vie entière de ce soldat égale à sa mort en beauté. Il a été le devoir, l'abnégation et le courage. Toutes les vertus étaient en lui qui déconcerte, par cette perfection même, le jugement des hommes. Un siècle s'est écoulé sans altérer l'éclat de son nom. Il brille, ineffaçable, en nos mémoires, comme l'expression la plus sereine de la foi la plus pure en la Patrie.

TABLE DES MATIÈRES

CHAPITRE PREMIER

CHAPITRE II

CHAPITRE III

CHAPITRE IV

CHAPITRE V

CHAPITRE VI

CHAPITRE VII

CHAPITRE VIII

www.ingramcontent.com/pod-product-compliance
Ingram Content Group UK Ltd.
Pitfield, Milton Keynes, MK11 3LW, UK
UKHW021535260726
13993UKWH00002B/508

9 782329 092478